W0072981

Englisch

Grundwortschatz

Inhalt

Familie, Gesundheit und Charakter

Familie und Familienverhältnisse

father *Vater*
mother *Mutter*
brother *Bruder*
sister *Schwester*
grandfather/grandpa/grandad *Großvater/Opa*
grandmother/grandma *Großmutter/Oma*
uncle *Onkel*
aunt *Tante*
nephew *Neffe*
niece *Nichte*
cousin *Cousin/Cousine*
grand... *Groß...*
great-grand... *Urgroß...*
half... *Halb...*
step... *Stief...*
second ... *... zweiten Grades*
father-in-law *Schwiegervater*
mother-in-law *Schwiegermutter*
brother-in-law *Schwager*
sister-in-law *Schwägerin*
in-laws *Schwiegereltern*
marital status *Familienstand*
single *unverheiratet*
married *verheiratet*
divorced *geschieden*
widowed *verwitwet*
blended family/patchwork family *Patchworkfamilie*

Körper und Kopf

KÖRPER

abdomen *Unterleib*
ankle *Knöchel*
arm *Arm*
armpit *Achsel*
back *Rücken*
belly *Bauch*
breast *Brust*
buttocks *Gesäß*
calf, -ves *Wade*
chest *Brustkasten*
elbow *Ellenbogen*
finger *Finger*
foot, feet *Fuß*
groin *Leiste*
hand *Hand*
heel *Ferse/Hacke*
hip *Hüfte*
leg *Bein*
loin *Lende*
knee *Knie*
navel *Nabel*
shoulder blade *Schulterblatt*
thigh *Oberschenkel*
thorax *Brustkorb*
toe *Zeh*
waist *Taille*
wrist *Handgelenk*

KOPF

Adam's apple *Adamsapfel*
ear *Ohr*
earlobe *Ohrläppchen*
eye *Auge*
eyelash *Wimper*
cheek *Wange*
chin *Kinn*
forehead *Stirn*
hair *Haar*
head *Kopf*
lip *Lippe*
mouth *Mund*
neck *Nacken/Hals*
nose *Nase*
nostril *Nasenöffnung*
pupil *Pupille*
sinus *Nebenhöhle*
temple *Schläfe*
throat *Kehle/Rachen*
tooth, teeth *Zahn*
tongue *Zunge*

Krankheiten

arthritis *Arthritis*
cancer *Krebs*
chickenpox *Windpocken*
cholera *Cholera*
cold *Schnupfen*
constipation *Verstopfung*
cough *Husten*
diarrhoea (AE diarrhea) *Durchfall*
diphtheria *Diphtherie*
dysentery *Ruhr*
flu/influenza *Grippe*
gout *Gicht*
heart attack *Herzanfall*
hernia *Leistenbruch*
leprosy *Lepra*
lumbago *Hexenschuss*
malaria *Malaria*
measels/rubella *Masern*
migraine *Migräne*
mumps *Mumps*
plague *Pest*
rabies *Tollwut*
scarlet fever *Scharlach*
sciatica *Ischias*
sinus infection *Nasennebenhöhlenentzündung*
smallpox *Pocken*
stroke *Schlaganfall*
tonsillitis *Mandelentzündung*
typhus *Typhus/Fleckfieber*
ulcer *Geschwür*
whooping cough *Keuchhusten*

Charaktereigenschaften

accurate *sorgfältig/akkurat*
ambitious *ehrgeizig*
arrogant *arrogant*
assertive *durchsetzungsfähig*
audacious *dreist*
bold *kühn*
brave *tapfer/mutig*
bullying *herrisch/tyrannisch*
calm *ruhig*
cheerful *fröhlich*
choleric *aufbrausend/cholerisch*
clumsy *ungeschickt/unbeholfen*
conceited *eingebildet/selbstgefällig*
contemptuous *verächtlich*
courageous *mutig*
crazy *verrückt*
creative *kreativ*
curious *neugierig*
cynical *zynisch*
daring *wagemutig*
defiant *trotzig*
dependable *zuverlässig*
disrespectful *respektlos*
domineering *herrisch/gebieterisch*
efficient *leistungsfähig/effizient*
energetic *energisch*
enthusiastic *enthusiastisch*
fearless *furchtlos/mutig*
furious *wütend*
generous *großzügig*
gentle *sanft*

good-humoured (AE good-humored) *gut gelaunt*
(un)grateful *(un)dankbar*
grouchy *griesgrämig*
grumpy *brummig/grantig*
hard-working *fleißig/hart arbeitend*
hateful *gehässig/hasserfüllt*
haughty *hochnäsig/hochmütig*
helpless *hilflos*
humble *demütig*
idle *träge/faul*
ill-mannered *unerzogen*
independent *unabhängig*
indifferent *gleichgültig*
industrious *fleißig*
insane *wahnsinnig*
insecure *unsicher*
insubordinate *aufmüpfig*
intelligent *intelligent*
irascible *aufbrausend*
irresolute *unentschlossen*
irritable *reizbar*
joyful *froh*
lazy *faul*
level-headed *vernünftig/ausgeglichen/ruhig*
melancholy *melancholisch*
meticulous *übergenau/peinlich genau*
moody *launisch*
morose *mürrisch/griesgrämig*
naive *naiv*
nervous *nervös*
(dis)obedient *(un)gehorsam*
open-minded *aufgeschlossen/unvoreingenommen*
(im)patient *(un)geduldig*
patronising (AE patronizing) *herablassend/bevormundend*

peevish *gereizt/reizbar*
phlegmatic *träge/gleichgültig*
(im)polite *(un)höflich*
presumptuous *überheblich/anmaßend*
pretentious *überheblich/angeberisch*
prudent *besonnen/umsichtig*
punctual *pünktlich*
sarcastic *beißend/sarkastisch*
self-assured *selbstbewusst, selbstsicher*
self-confident *selbstbewusst*
self-conscious *gehemmt/unsicher*
self-righteous *selbstgerecht*
self-sufficient *selbstgenügsam*
sensible *vernünftig*
sensitive *empfindsam/sensibel*
shy *schüchtern*
sloppy *schlampig/nachlässig*
smart *schlau*
smug *eingebildet/selbstgefällig*
strict *streng*
stubborn *dickköpfig*
submissive *unterwürfig*
sullen *missmutig/mürrisch*
timid *ängstlich/schüchtern*
(in)tolerant *(in)tolerant*
upbeat *optimistisch/fröhlich*
vain *eitel*
well-behaved *gut erzogen*

Begrüßen, Sprechen und Erklären

Grußformeln und kurze Phrasen

GRUSSFORMELN

Dear ... *Sehr geehrte/r ..., Liebe/r ...*

Dear Sir or Madam *Sehr geehrte Damen und Herren*

To Whom It May Concern *(Allgemeine Überschrift für Bescheinigungen)*

Yours faithfully *Hochachtungsvoll* (bei **Dear Sir or Madam**)

Yours sincerely *Mit freundlichen Grüßen* (bei **Dear ...**)
(**AE** auch **Sincerely yours/Sincerely**)

Best regards *Mit besten Grüßen*

Regards *Gruß*

Love *Alles Liebe*

Hugs and kisses (XOXO) *Umarmung und Küsse*

KURZE PHRASEN

Anyway./Anyhow. *Egal.*

Not at all. *Überhaupt nicht.*

Sort of. *So ungefähr./In etwa.*

You know. *Weißt du.*

So to speak. *Sozusagen.*

Sure. *Ja./Sicherlich.*

Go ahead. *Na los.*

Here you go/are. *Bitte. (wenn man etwas jemandem gibt)*

You're welcome. *Keine Ursache./Gern geschehen.*

What do you think? *Was hälst du davon?*

What about ...? *Was ist mit ...?*

Well yes, but ... *Ja, aber ...*

I don't mind. *Mir egal./Meinetwegen*

I don't care./Whatever. *Interessiert mich nicht.*

Sich treffen

- **Nice to meet you.** *Nett, dich/Sie kennenzulernen.*
  Antwort: **Nice to meet you, too.** *Ganz meinerseits.*

- **How are you?** *Wie geht's dir/Ihnen?*
  Antwort: **Fine, thanks.** oder **Very well, thank you.** *Danke, gut.*

- **Hi, how are you doing?** (vor allem **AE**) *Wie geht's dir/Ihnen?*
  Antwort: **How are you doing?** oder **Good.** *Gut.*

- **How do you do?** (**BE** formal) *Guten Tag.*
  Antwort: **How do you do?** *Guten Tag.*

Good morning. *Guten Morgen.*
Good afternoon. *Guten Tag.*
Good evening. *Guten Abend.*
Good night. *Gute Nacht.* (nur beim Zubettgehen)
G'day (AUS) *Guten Tag./Hallo.*

What's up? *Wie geht's?/Was gibt's?/Was geht?*
What's doing? *Wie geht's/Was gibt's?/Was geht?*
How's it going? *Wie geht's?/Wie läuft's?*
How are things? *Wie geht's?*

to introduce somebody to somebody *jemanden jemandem vorstellen*
to introduce oneself *sich (selbst) vorstellen*
Let me introduce you to ... *Lass mich dich ... vorstellen.*
Have you two been introduced? *Sind Sie einander vorgestellt worden?*
We've already been introduced. *Wir sind bereits einander vorgestellt worden.*
I'd like you to meet ... *Ich möchte dir/Ihnen ... vorstellen.*

Bitten äußern

- **can/could** *können*

  Can I have a cup of tea, please?
  Kann ich bitte eine Tasse Kaffee haben?

  Could you please hand me the sugar?
  Könntest du mir bitte den Zucker geben?

  Do you think you **could** return the CD by Friday?
  Glaubst du, du kannst die CD bis Freitag zurückgeben?

- **would** *würden*

  Would you care to queue up?
  Würde es Ihnen etwas ausmachen, sich anzustellen?

  Would you sit down, please?
  Würdet ihr euch bitte hinsetzen?

- **to mind doing something/to mind if somebody did something**
  können/etwas dagegen haben

  Would you **mind changing** this £50 note for me?
  Könnten Sie mir bitte diesen 50-Pfund-Schein wechseln?

  Would you **mind if I closed** the window?
  Haben Sie etwas dagegen, wenn ich das Fenster schließe?

- **to ask somebody something** *jemanden bitten*

  Can I **ask you a favour (AE favor)?**
  Kann ich Sie/dich um einen Gefallen bitten?

  Could I **ask you to throw** your litter in the bin (AE garbage can/trash can)?
  Könntest du bitte deinen Abfall in den Abfalleimer werfen?

Gefühle ausdrücken

- **to be angry about/at something/with somebody**
  wegen etwas/jemandem verärgert sein

  Is your mother still **angry with** you?
  Ist deine Mutter immer noch wütend auf dich?

- **to be furious about/at something/with somebody**
  wegen etwas/jemandem wütend sein

  I **was** so **furious** when I heard what happened.
  Ich wurde so wütend, als ich hörte, was passiert ist.

- **to be mad about something/with somebody (AE at)**
  auf etwas/jemanden wütend sein

  He**'s mad with** me for being late.
  Er ist wütend auf mich, weil ich zu spät gekommen bin.

- **to be ashamed at/of something/to do something** *sich für etwas schämen*

  I**'m ashamed to** admit that I cheated on him.
  Ich schäme mich dafür einzugestehen, dass ich ihn betrogen habe.

- **to be embarrassed about (doing) something** *peinlich sein*

  I **was embarrassed about** posting that picture on the Internet.
  Es war mir peinlich, das Foto im Internet gepostet zu haben.

- **to make somebody feel good** *ein gutes Gefühl geben/zufrieden sein*

  It **makes me feel good** to know that my boss is satisfied with my work.
  Es gibt mir ein gutes Gefühl zu wissen, dass mein Chef mit meiner Arbeit zufrieden ist.

- **to be in a good/bad mood** *gute/schlechte Laune haben*

  I**'m in a bad mood** today.
  Ich habe heute schlechte Laune.

- **to be glad about something/for somebody/to do something**

  I**'m glad to** hear you passed your driving test.
  Es freut mich zu hören, dass du deine Fahrprüfung bestanden hast.

to be happy about something/for somebody/to do something
glücklich sein/sich freuen

This is great news. I'**m happy** for you.
Das sind tolle Neuigkeiten. Ich freue mich für dich.

to be pleased about/with something/for somebody/to do something
zufrieden sein

I couldn't really tell whether he was **pleased with** our gift or not.
Ich konnte nicht wirklich sagen, ob er zufrieden war mit unserem Geschenk oder nicht.

to be proud of somebody/to do something
Your grandmother would be **proud of** you.
Deine Großmutter wäre stolz auf dich.

to be/feel flattered (by something) *sich geschmeichelt fühlen*
I **felt** very **flattered by** all his compliments.
Ich fühlte mich von all seinen Komplimenten sehr geschmeichelt.

to be relieved that/to do something
She **was relieved** when she learned that her son was all right.
Sie war erleichtert, als sie erfuhr, dass es ihrem Sohn gut geht.

to be excited about/at something/to do something
She **was excited to** be asked to play the role of Lady Macbeth.
Sie war begeistert, als man sie bat, die Rolle der Lady Macbeth zu spielen.

to be thrilled about something/that *begeistert sein*
I **was thrilled about** going to the US for a year.
Ich war begeistert davon, ein Jahr in die USA zu gehen.

Seine Meinung äußern

- **to think (that) (AE** auch **to guess)** *denken/glauben/meinen*
  I don't **think** this is a good idea.
  Ich denke, das ist keine gute Idee.

- **to believe (that)** *glauben/vermuten/für wahr halten*
  I find that hard to **believe.**
  Ich finde das schwer zu glauben/kaum glaubhaft.

- **to feel (that)** *glauben/denken/der Meinung sein*
  We all **felt** that things had gone terribly wrong.
  Wir glaubten alle, dass alles völlig danebengegangen war.

- **to suppose (that)** *vermuten/annehmen*
  I **suppose** it's too late to cancel the event.
  Ich nehme an, es ist zu spät, die Veranstaltung abzusagen.

- **In my opinion/view ...** *Meiner Ansicht nach ...*
  In my opinion, he should be given detention.
  Meiner Ansicht nach müsste er nachsitzen.

- **to be of the opinion that** *der Meinung sein, dass*
  She **was of the opinion that** Christmas should be done away with.
  Sie war der Meinung, dass Weihnachten abgeschafft werden sollte.

- **as far as I'm concerened ...** *was mich betrifft/meinetwegen*
  You can do whatever you like, **as far as I'm concerned.**
  Was mich betrifft, kannst du tun, was immer du willst.

- **Personally ...** *Ich persönlich ...*
  Personally, I think the price is way to high.
  Ich persönlich finde den Preis viel zu hoch.

- **If you ask me ...** *Wenn du/man mich fragst/fragt ...*

  If you ask me, they shouldn't be allowed to play there.
  Wenn du mich fragst, sollten sie dort nicht spielen dürfen.

- **The way I see it ...** *Für mich ist das so, dass .../Meiner Meinung nach*

  The way I see it, there is nothing you can do about it.
  Meiner Meinung nach kann man da gar nichts machen.

- **It seems to me that ...** *Ich habe den Eindruck, dass ...*

  It seems to me that you could solve your problem more easily, if you started talking to each other.
  Ich habe den Eindruck, ihr könntet euer Problem leichter lösen, wenn ihr anfangen würdet, miteinander zu reden.

- **according to** *gemäß/zufolge/nach Aussage von*

  According to the caretaker, the room was locked when he left.
  Dem Hausmeister zufolge war der Raum verschlossen, als er ging.

- **from somebody's point of view** *nach Ansicht von*

  From my point of view, we get too much homework.
  Meiner Ansicht nach bekommen wir zu viele Hausaufgaben.

- **it is somebody's strong conviction that** *der festen Überzeugung sein*

  It is my strong conviction that there is no life after death.
  Ich bin der festen Überzeugung, dass es kein Leben nach dem Tod gibt.

- **from somebody's point to view** *aus ... Sicht*

  From a teacher's point of view, this viewpoint might be true.
  Aus der Sicht eines Lehrers mag diese Sichtweise zutreffend sein.

Zustimmen und nicht zustimmen

ZUSTIMMEN

That's (very) true. *Das ist richtig./Das ist wahr.*
Yes, I agree with you. *Ich stimme mit Ihnen überein.*
You've got a point there. *Da ist was Wahres dran.*
You're absolutely right. *Sie haben völlig recht.*
I couldn't agree (with you) more. *Ich bin ganz Ihrer Meinung.*
I'd go along with that. *Da würde ich zustimmen.*
You're right about one thing. *In einem Punkt haben Sie recht.*
I'm afraid you're right. *Da haben Sie wohl recht.*

ZUSTIMMEN, ABER ...

I'm sure you're right, but ... *Da haben Sie sicherlich recht, aber ...*
You're quite right, but ... *Sie haben schon recht, aber...*
I suppose you're right, but ... *Ich vermute, Sie haben recht, aber ...*

NICHT ZUSTIMMEN

I'm sorry, but that's wrong. *Es tut mir leid, aber das ist falsch.*
I'm afraid I must disagree with you. *Ich bin da leider anderer Meinung.*
I don't agree with that. *Ich stimme damit nicht überein.*
I'm sure you're not right. *Ich bin sicher, dass Sie nicht recht haben.*
I'm not so sure about that. *Da bin ich mir nicht so sicher.*
That's just not true. *Da ist einfach nicht wahr.*
You can't say that. *Sie können das so nicht sagen.*
I beg to differ. *Ich erlaube mir, anderer Meinung zu sein.*
I can't agree with you (there). *Ich kann da nicht mit Ihnen übereinstimmen.*

Vorschläge machen

Let's ... *Lass/Lasst uns ...*

Let's go to the cinema this afternoon.
Lass uns heute Nachmittag ins Kino gehen.

How about something/doing something *Wie wäre es mit ...*

How about having lunch together?
Wie wäre es mit einem gemeinsamen Mittagessen?

Shall we ... *Sollen wir ...*

Shall we ask your mother if she can take us to the shopping centre (AE center)?
Sollen wir deine Mutter fragen, ob sie uns zum Einkaufszentrum fahren kann?

Why don't ... *Warum ... wir nicht ...*

Why don't we call Chloe and ask her if she wants to join us?
Warum rufen wir nicht Chloe an und fragen sie, ob sie mit will?

We could ... *Wir könnten ...*

We could also take a taxi.
Wir könnten auch ein Taxi nehmen.

It would be a good idea to ... *Es wäre eine gute Idee ...*

It would be a good idea to get something to eat first.
Es wäre eine gute Idee, zunächst etwas zu essen.

to suggest that/doing something *etwas vorschlagen*

I suggest that we go home now.
Ich schlage vor, dass wir jetzt nach Hause gehen.

Paul **suggested** calling the police.
Paul hat vorgeschlagen, die Polizei anzurufen.

Mögen und nicht mögen

MÖGEN

- **to like (doing/to do) something** *etwas mögen/etwas gern tun*
  I **like** your new shirt.
  Ich mag dein neues Hemd.

  I **like hiking** through the woods.
  Ich wandere gern durch die Wälder.

- **to enjoy (doing) something** *etwas gern tun*
  Kate used to **enjoy playing** with dolls.
  Kate spielte (früher) gern mit Puppen.

NICHT MÖGEN

- **to not like (doing) something/to dislike (doing) something**
  etwas nicht mögen

  Mum (AE Mom) **doesn't like it** when I'm late for dinner.
  Mama hat es nicht gern, wenn ich zu spät zum Essen komme.

- **to hate (doing) something** *hassen, etwas zu tun*
  I **hate taking** the tube (AE subway) at the rush hour.
  Ich hasse es, die U-Bahn zur Hauptverkehrszeit zu benutzen.

- **can't stand something** *etwas nicht austehen/leiden können*
  I **can't stand having** to listen to country music.
  Ich kann es nicht ausstehen, wenn ich Countrymusik hören muss.

- **not to be keen on (doing) something** *wenig Lust haben, etwas zu tun*
  I'm not very keen on doing the dishes every night.
  Ich habe wenig Lust, jeden Abend den Abwasch zu machen.

Interpretation: Verben

to characterise (AE characterize) something *etwas charakterisieren/bezeichnen*
to clarify something *etwas verdeutlichen/klarstellen*
to be composed of something *aus etwas bestehen/zusammengesetzt sein*
to consist of something *zusammengesetzt sein/aus etwas bestehen*
to contain something *etwas umfassen/enthalten*
to convey something *etwas vermitteln*
to be defined by something *von etwas bestimmt/definiert werden*
to describe something *etwas beschreiben*
to delineate something *etwas beschreiben*
to demonstrate something *etwas zeigen/demonstrieren*
to distinguish *unterscheiden/differenzieren/hervorheben*
to be dominated by something *von etwas beherrscht werden*
to encompass something *etwas umfassen*
to explain something *etwas erklären*
to express something *etwas ausdrücken*
to give an account of something *einen Bericht von etwas geben*
to give a definition of something *eine Bestimmung von etwas geben*
to give a description of something *eine Beschreibung von etwas geben*
to illustrate something *etwas darstellen/illustrieren*
to introduce something *etwas einführen/einleiten*
to make a comparison between ... *einen Vergleich zwischen ... ziehen*
to mean something *etw bedeuten*
to narrate something *etwas erzählen*
to portray something *etwas darstellen/schildern*
to refer to something *sich auf etwas beziehen*
to represent something *etwas darstellen*
to be set on doing something *fest entschlossen sein, etwas zu tun*
to take something into consideration *etwas berücksichtigen*
to tell a story about something *eine Geschichte von etwas erzählen*
to tell of something *von etwas berichten*
to be viewed as something *als etwas betrachtet werden*

Interpretation: Substantive

act *Akt*
(film) adaptation *Verfilmung*
audience *Publikum/Zuschauer*
audio book *Hörbuch*
author *Autor/in*
bestseller *Verkaufsschlager (Buch)*
blockbuster *Kassenschlager (Film)*
box office success *Kinohit*
cast *Besetzung*
chapter *Kapitel*
character *Figur/Rolle/Charakter*
comedy *Komödie*
context *Zusammenhang*
conversation *Gespräch*
critic *Kritiker/in*
criticism *Kritik*
dialogue *Dialog*
director *Regisseur/in*
drama *Drama/Stück*
feature film *Spielfilm*
figure of speech *Redefigur*
film (AE movie) *Film*
first-person narrator *Icherzähler*
interpretation *Interpretation*
location *Drehort*
metrics *Metrik*
monologue *Monolog*
narrator *Erzähler/in*
novel *Roman*
novella *Novelle*
omniscient narrator *allwissender Erzähler*
paragraph *Abschnitt/Paragraph*
playwright *Theaterautor/in*
plot *Handlungsablauf*
poetry *Dichtung*
the poetic persona *das lyrische Ich*
point of view *Betrachtungsweise*
portrayal *Darstellung*
producer *Produzent/in*
protagonist *Hauptfigur*
publisher *Verleger/in*
publishing house *Verlag*
reader *Leser/in*
review *Besprechung/Kritik*
rhyme *Reim*
scene *Scene*
screenplay *Drehbuch*
screenwriter *Drehbuchautor/in*
script *Drehbuch*
set *Kulisse/Schauplatz*
short story *Kurzgeschichte*
situation *Situation*
stanza *Strophe*
story *Geschichte*
storyline *Handlung(-sstrang)*
text *Text*
(central) theme *Hauptthema*
thriller *Kriminalroman/Thriller*
tragedy *Tragödie*
trilogy *Trilogie*
verse *Vers*
writer *Schriftsteller/in*

Schule, Studium und Beruf

Schule

to be tardy (AE) *zu spät kommen*

The next time you'**re tardy** I'll send you to the principal.
Wenn du das nächste Mal zu spät kommst, schicke ich dich zum Rektor.

break (time) (AE recess) *Pause*

What do you do at **break**?
Was machst du in der Pause?

detention *Nachsitzen*

Any student who's collected three tardies will be given **detention**.
Jeder Schüler, der dreimal zu spät gekommen ist, muss nachsitzen.

form (AE grade) *Klasse (Schuljahr)*

My sister is in fifth **form** now.
Meine Schwester ist jetzt in der fünften Klasse.

form teacher (AE homeroom/classroom teacher) *Klassenlehrer/in*

Mr. Rawlson is our new **form teacher**.
Herr Rawlson ist unser neuer Klassenlehrer.

form room (AE homeroom) *Klassenzimmer*

In the US the **homeroom** is a classroom where students go at the beginning of each school day for about 10 minutes, so that the teacher can take attendance.
In den USA ist der „Homeroom" ein Klassenzimmer, wohin alle Schüler zu Beginn des Unterrichtstages für etwa 10 Minuten gehen, damit der Lehrer die Anwesenheit überprüfen kann.

to have to repeat a year/to stay down a year/to be held back a year *ein Jahr wiederholen/sitzen bleiben*

I had **to repeat a year** at school because of my laziness.
Ich musste wegen meiner Faulheit ein Schuljahr wiederholen.

head teacher/headmaster (AE principal) *Rektor/in, Schulleiter/in*
Our old **head teacher** retired last year.
Unsere alte Rektorin ist letztes Jahr in Rente gegangen.

lesson (AE period/class) *Unterricht(-sstunde)*
What class do you have next? – A double Spanish **lesson**.
Was hast du als nächstes? – Eine Doppelstunde Spanisch.

mark (AE grade) *Note*
Did you get a good **mark** in your English test?
Hast du in deinem Englischtest eine gute Note bekommen?

private/extra lessons/coaching (AE tutoring) *Nachhilfe*
Without the **extra lessons** I would not have passed the Spanish exam.
Ohne die Nachhilfestunden hätte ich die Spanischprüfung nicht geschafft.

report (AE report card) *Zeugnis*
Some schools have started issuing **reports** in automated form by computers.
Einige Schulen haben damit begonnen, Zeugnisse in automatisierter, von einem Computer erstellter Form auszugeben.

(school) subject *Fach*
What is your favourite **subject**?
Was ist dein Lieblingsfach?

swot (AE grind/overachiever) *Streber/in*
You're such a **swot**. You spend too much time studying.
Du bist so ein Streber! Du verbringst zu viel Zeit mit Lernen.

Schüleraustausch

- **exchange student** *Gastschüler/in, Gaststudent/in*
  Michel is a 16-year-old **exchange student** from Montreal.
  Michel is ein 16-jähriger Austauschschüler aus Montreal.

- **to graduate** *einen Abschluss machen*
  How many credits do you have to earn in order to **graduate**?
  Wie viele Punkte muss man sammeln, um einen Abschluss zu machen?

- **host family/host country** *Gastfamilie/Gastland*
  I'm still in contact with my **host family** – we skype twice a week.
  Ich bin immer noch in Kontakt mit meiner Gastfamilie; wir skypen zweimal in der Woche.

- **(host family) placement** *Unterbringung (bei einer Gastfamilie)*
  It may take a few months before the organization sends you details of your **host family placement.**
  Es kann ein paar Monate dauern, bis dir die Organisation Einzelheiten über deine Unterbringung bei der Gastfamilie schickt.

- **scholarship/grant** *Stipendium/Zuschuss*
  I applied for a **scholarship** with BaFöG.
  Ich habe mich beim BaföG-Amt für ein Stipendium beworben.

- **to study abroad** *im Ausland zur Schule gehen/studieren*
  I've always wanted to **study abroad**.
  Ich wollte schon immer im Ausland studieren.

- **tuition fees (AE tuition)** *Schulgeld*
  The **tuition** was paid by the US government.
  Das Schulgeld wurde von der US-Regierung bezahlt.

Studium

to study at university *an der Universität studieren*
to study at the unversity of ... *an der ... Universität studieren*
to study something *etw studieren*
to drop out of college *sein Studium/Studiengang abbrechen*
entrance test/exam *Eingangstest*
major (AE) *Hauptfach*
minor (AE) *Nebenfach*
intermediate exam *Zwischenprüfung*
freshman (AE) *Studienanfänger/in*
sophomore (AE) *Student/in im 2. Studienjahr*
undergraduate *Student/in vor dem ersten Abschluss*
(post)graduate (AE graduate) *Student/in nach dem ersten Abschluss*
to have a degree in something *in etwas einen Abschluss haben*
doctorate/doctor's degree (AE PhD) *Doktor(-titel)*
assistant professor *Assistenzprofessor*
to have tenure *eine Festanstellung (als Professor) haben*
lecture *Vorlesung*
semimar *Seminar*
faculty *Lehrkörper/Fakultät*
law school *Juristische Fakultät*
med(ical) school *medizinische Fakultät*
staff *Angestellte/Mitarbeiter/Belegschaft*
library *Bibliothek*
students' union (AE student union) *(Studierendenvertretung)*
bookshop (AE bookstore) *Buchladen*
office hours *Sprechstunden*
sport facilities *Sportmöglichkeiten*
hall of residence (AE dorm(itory) *Studentenwohnheim*
fraternity (AE) *Burschenschaft*
sorority (AE) *Studentinnenverbindung*

Bewerbung

applicant *Bewerber/in*
There were five **applicants** waiting outside his office.
Fünf Bewerber warteten vor seinem Büro.

application *Bewerbung*
I posted my **application** yesterday.
Gestern habe ich meine Bewerbung abgeschickt.

to apply (for/with/at) *sich bewerben (um/bei)*
He **applied for** a training position with a bank.
Er hat sich um einen Ausbildungsplatz bei einer Bank beworben.

covering letter (AE cover letter) *Anschreiben*
Make sure you send your CV and the **covering letter** to the right address.
Vergewissere dich, dass du deinen Lebenslauf und das Anschreiben an die richtige Adresse schickst.

CV (AE résumé) *Lebenslauf (Curriculum vitae)*
They told me to hand in my **CV** by Friday.
Sie haben mir gesagt, ich solle meinen Lebenslauf bis Freitag abgeben.

interview *Vorstellungsgespräch*
I've been invited for three **interviews.**
Ich bin zu drei Vorstellungsgesprächen eingeladen worden.

job advertisement **(BE** auch **job advert/AE job posting)** *Stellenanzeige*
I saw a **job advert** on their website, and I think I'm going to apply.
Ich habe eine Stellenanzeige auf ihrer Internetseite gesehen, und ich denke, ich werde mich bewerben.

Lebenslauf

CV – Curriculum vitae (AE résumé) *Lebenslauf*
personal details/data *Persönliche Daten*
name *Name*
place of birth *Geburtsort*
date of birth *Geburtsdatum*
phone number *Telefonnummer*
email address *E-Mail-Adresse*
marital status *Familienstand*
nationality *Nationalität*

career objective *Berufsziel*
education *schulische Ausbildung*
(professional/job) experience *Berufserfahrung*
(job) training *Ausbildung*
apprenticeship *Lehre*
work experience (AE internship) *Praktikum*
international exchanges *Auslandsaustausch*
stays abroad *Auslandsaufenthalte*
driving licence (AE driver's license) *Führerschein*
languages *Sprachen*
skills *Kenntnisse und Fähigkeiten*

computer skills *Computerkenntnisse*
soft skills *Sozialkompetenz*
qualifications *Qualifikationen*
honours (AE honors) and awards *Auszeichnungen und Preise*
scholarships and grants *Stipendien und Zuschüsse*
activities and interests *Aktivitäten und Interessen*
extracurricular activities *außerschulische Aktivitäten*
memberships *Mitgliedschaften*
references *Referenzen/Empfehlungen*

Berufe

advertising specialist/expert *Werbefachmann/frau*
accountant *Buchhalter/in*
auto/car mechanic *Automechaniker/in*
bank business management assistant *Bankkaufmann/frau*
banker/bank clerk *Bankangestellte/r*
bookseller *Buchhändler/in*
broker *Börsenmakler*
estate agent (AE real estate agent) *Immobilienkaufmann/frau*
industrial clerk/industial business management assistant *Industriekaufmann/frau*
insurance broker/agent *Versicherungskaufmann/frau*
management assistant in advertising *Werbekaufmann/frau*
management assistant in data processing *EDV-Kaufmann/frau*
management assistant in event organization *Veranstaltungskaufmann/frau*
management assistant in freight forwarding/logistics *Speditionskaufmann/frau*
management assistant in hotel and hospitality *Hotelkaufmann/frau*
management assistant in office communication *Kaufmann/frau für Bürokommunikation*
management assistant in publishing *Verlagskaufmann/frau*
management assistant in retail business *Kaufmann/frau im Einzelhandel*
office management assistant *Bürokaufmann/frau*
office worker *Büroangestellte/r*
post office worker/postal worker *Postangestellte/r*
publisher *Verleger/in*
taxi driver *Taxifahrer/in*
teacher *Lehrer/in*
travel agent *Reisekaufmann/frau*
travel management assistant *Reiseverkehrskaufmann/frau*

Bürobedarf

calculator *Taschenrechner*
clipboard *Klemmbrett*
correction fluid (AE white-out) *Korrekturflüssigkeit*
desk *Schreibtisch*
desk pad *Schreibunterlage*
drawer *Schublade*
envelope *Briefumschlag*
file *Aktenordner*
filing cabinet *Aktenschrank*
folder *Schnellhefter/Mappe*
glue stick *Klebestift*
hole punch *Locher*
index card box *Karteikasten*
paper clip *Büroklammer*
pen *Kugelschreiber*
pencil *Bleistift*
pencil holder *Bleistifthalter*
pencil sharpener *Bleistiftspitzer*
pin (AE thumb tack) *Reißzwecke*
ring binder *Ringbuch*
rubber (AE eraser) *Radiergummi*
ruler *Lineal*
scissors *Schere*
Sellotape™ (AE Scotch tape)™ *Tesafilm*
staple *Heftklammer*
staple remover *Heftklammerentferner*
stapler *Hefter/Tacker*
stationery *Bürobedarf/Briefpapier*
transparent file (AE transparent folder) *Klarsichthülle*
tape dispenser *Tesafilmhalter*
tray *Ablagekorb*

Internet

- **on the Internet** *im Internet*
  I read something about it **on the Internet.**
  Ich habe darüber etwas im Internet gelesen.

- **over the Internet** *übers Internet*
  Do you often buy shoes **over the Internet?**
  Kaufst du oft Schuhe übers Internet?

to accept/delete cookies *Cookies akzeptieren/löschen*
to click through *sich durchklicken*
to download/upload a file *eine Datei herunter-/hochladen*
to follow somebody's blog *einen Blog verfolgen*
to get connected to the Internet *mit dem Internet verbunden werden*
to go online *online gehen*
to go to a page *zu einer Seite gehen*
to have a broadband connection *einen Breitbandanschluss haben*
to have access to the Internet/Internet access *Internetzugang haben*
to install something *etwas installieren*
to launch a new site *eine neue Website starten*
to log on/off *sich einloggen/ausloggen*
to meet somebody in an (Internet) chatroom *jemanden im Chatroom treffen*
to open/close a web browser *einen Browser öffnen/schließen*
to play computer games online *Onlinespiele spielen*
to post a comment *einen Kommentar posten*
to return to the homepage *zur Homepage zurückkehren*
to shop online *Online einkaufen*
to surf the net *im Netz surfen*
to update a software *eine Software aktualisieren*
to visit a forum *ein Forum besuchen*
to visit a website *eine Internetseite besuchen*
to work from home *von zu Hause aus arbeiten*

Moderne Medien

the (mass) media *die (Massen)Medien*

The **media** showed little interest in the murder trial.
Die Medien zeigten wenig Interesse an dem Mordprozess.

media event *Medienereignis*

Their last concert was an international **media event.**
Ihr letztes Konzert war ein internationales Medienereignis.

social media *soziale Medien*

Even the Pope uses **social media** these days.
Sogar der Papst verwendet heutzutage soziale Medien.

social networking *soziales Netzwerken*

Social networking is an important part of my life.
Soziales Netzwerken ist ein wichtiger Teil meines Lebens.

to socialize with somebody *sich unterhalten/mit jemandem Kontakt haben*

We had dinner and then we **socialized** for a while.
Wir haben zu Abend gegessen und dann haben wir uns ein Weilchen unterhalten.

to text somebody *jemandem eine SMS schicken*

I'm going **to text** you as soon as we get there.
Ich schreibe dir eine SMS, sobald wir ankommen.

to zap *zappen*

Bored from **zapping** through the channels, I turned the TV off.
Gelangweilt vom herumzappen, schaltete ich den Fernseher aus.

selfie *Selfie* (Schnappschuss von sich selbst)

I've just uploaded my fifteenth **selfie** this week.
Ich habe gerade mein fünfzehntes Selfie diese Woche hochgeladen.

Telefonieren

Hello, this is ... speaking. *Hallo, hier ist ...*

Am I speaking to ...? *Spreche ich mit ...?*

Could I speak to ..., please? *Könnte ich mit ... sprechen?*

I'm calling about ... *Ich rufe an wegen ...*

I'm just calling to .... *Ich rufe nur an um ...*

Can I ask who's calling? *Darf ich fragen, wer Sie sind?*

Who am I speaking to? *Mit wem spreche ich bitte?*

What was the name again? *Wie war der Name noch mal?*

How do you spell that? *Wie buchstabiert man das?*

Could you repeat that, please? *Könnten Sie das bitte wiederholen?*

Could you speak up, please? *Könnten Sie bitte lauter sprechen?*

Just a moment, please. *Einen Moment, bitte.*

Hold on, please! *Bleiben Sie bitte am Apparat.*

Do you have a number I can reach her/him on?
Haben Sie eine Nummer, unter der ich sie/ihn erreichen kann?

Could you give me her/his extension?
Könnten Sie mir ihre/seineDurchwahl geben?

Could you put me through? *Könnten Sie mich durchstellen?*

Would you like to leave a message? *Möchten Sie eine Nachricht hinterlassen?*

Could I leave a message for ..., please?
Könnte ich eine Nachricht für ... hinterlassen?

Would you like to make an appointment?
Möchten Sie einen Termin vereinbaren?

I'm afraid you've got the wrong number. *Sie haben sich leider verwählt.*

I was trying to reach ... *Ich wollte ... erreichen.*

Please hang up and I'll call you right back.
Bitte legen Sie auf und ich rufe Sie gleich zurück.

to answer the phone *ans Telefon gehen*
to be on the phone *telefonieren*
to call back *zurückrufen*
to dial the wrong number *sich verwählen*
to get cut off *unterbrochen werden*
to get through *durchkommen*
to give somebody a ring (AE call) *jemanden anrufen*
to hang up *auflegen*
to hang up on somebody *einfach den Telefonhörer auflegen*
to hold the line *am Apparat bleiben*
to make a call *einen Anruf tätigen*
to phone/ring somebody (AE to call somebody) *jemanden anrufen*
to reach somebody *jemanden erreichen*
to pass on a message *eine Nachricht weiterleiten*
to pick up the phone *den Hörer abnehmen*
to put down the receiver *(den Hörer) auflegen*
to put somebody through *jemanden durchstellen*
to reach somebody *jemanden erreichen*
to return a call *zurückrufen*
to take a call *einen Anruf entgegennehmen*
to take a message *eine Nachricht aufnehmen/notieren*

The line is bad/poor. *Die Verbinung ist schlecht.*
The line is engaged (AE busy). *Die Leitung ist besetzt.*
The line is dead. *Die Leitung ist tot.*

over the phone *telefonisch*
free of charge *gebührenfrei*
disconnected *abgeschaltet/abgetrennt/ausgestöpselt*
engaged (AE busy) *besetzt*

answering machine *Anrufbeantworter*
call *Anruf/Gespräch*
card phone *Kartentelefon*
charge *Gebühr*
connection *Verbindung*
cordless phone *schnurloses Telefon*
directory enquiries (AE directory assistance) *Auskunft*
emergency call *Notruf*
extension *Durchwahl*
hands-free kit *Freisprechanlage*
incoming/outgoing call *eingehendes/ausgehendes Gespräch*
international call/long-distance call *Ferngespräch*
landline *Festnetz*
local call *Ortsgespräch*
local (dialling/AE area) code *Ortsvorwahl*
mobile phone (AE cell phone) *Handy*
(phone) number *(Telefon)Nummer*
payphone *Münzfernsprecher*
phone bill *Telefonrechnung*
phone box (AE phone booth) *Telefonzelle*
phone company *Telefongesellschaft*
phone conversation *Telefongespräch*
receiver *Hörer*
recorded message *automatische Ansage*
reverse charge call (AE collect call) *R-Gespräch*
ringing tone (AE dialtone) *Freizeichen*
SIM card *SIM-Karte*
switchboard operator *Zentrale*
voicemail *Mailbox*
weekend rate *Wochenendrate*
yellow pages *Gelbe Seiten*

Einkaufen und Wohnen

Einkaufen

- **to go (grocery) shopping** *(Lebensmittel) einkaufen gehen*

  We need to **go shopping.** The fridge is empty.
  Wir müssen einkaufen gehen. Der Kühlschrank ist leer.

  Can we **go window-shopping** this afternoon? *Können wir heute Schaufensterbummeln gehen/einen Schaufensterbummel machen?*

How much is/are ...? *Wie viel kostet/kosten ...?*
How much are these apples? *Wie viel kosten diese Äpfel?*

- **to be looking**

  Can I help you? – No, thanks. **I'm just looking.**
  Kann ich Ihnen helfen? – Nein, danke. Ich schaue nur.

- **I would like ...** *Ich hätte gern ...*

  I'd like three pounds of mince (AE ground meat), please.
  Ich hätte gern drei Pfund Hackfleisch.

Anything else? *Noch etwas?*
Here you are. *Bitte schön.*

- **pound** *Pfund*

  That's **£**1.20 (one **pound** twenty) for the newspaper and **£**1.39 (one **pound** thirty-nine) for the energy drink. That's **£**2.59 (two **pounds** fifty-nine) altogether.
  Das macht 1 Pfund 20 für die Zeitung und 1 Pfund 39 für den Energydrink. Alles zusammen 2 Pfund 59.

- **change** *Wechselgeld*

  Keep the **change.** *Behalten Sie das Wechselgeld.*

Kuchen, Brot, Gebäck und Nachspeisen

KUCHEN

cake *Kuchen*
Christmas pudding (BE) *Plumpudding*
cupcake *Törtchen mit Cremehaube*
gateau (AE layer cake) *hohe Torte*
pie *Pie*
profiteroles (AE cream puffs) *Windbeutel*
tart *Tart, Obstkuchen*
trifle (BE) *Trifle (eine Art geschichtetes Dessert)*

BROT

bagel *Bagel*
baguette *Baguette*
bread *Brot*
bun *(Rosinen)brötchen*
croissant *Croissant*
roll *Brötchen*
slice of bread *Brotscheibe*
toast *Toast*

GEBÄCK

biscuit (AE cookie) *Plätzchen/Keks*
Danish pastry *Hefestück/Plunder*
doughnut (AE auch **donut)** *Donut*
muffin *Muffin*
scone *Teegebäck*
waffle *Waffel*

NACHSPEISEN

apple crumble *Apfelstreusel*
blancmange *Pudding*
brownie *Brownie*
crème brûlée *Crème brûlée*
custard *Eiercreme*
éclair *Eclair*
fruit salad *Obstsalat*
ice cream *Eis*
jelly roll *Biskuitrolle*
pancake *Pfannkuchen*
sorbet *Sorbet*
sundae *Eisbecher*

Obst und Beeren

OBST

apple *Apfel*
apricot *Aprikose*
cherry, -ies *Kirsche*
grape *Traube*
peach *Pfirsich*
pear *Birne*
plum *Pflaume*
prune *Trockenplaume*
quince *Quitte*
raisin *Rosine*

BEEREN

bilberry, -ies *Heidelbeere*
blackberry, -ies *Brombeere*
black currant *Schwarze Johannisbeere*
blueberry, -ies *Heidelbeere/Blaubeere*
cranberry, -ies *Moosbeere*
gooseberry, -ies *Stachelbeere*
lingonberry, -ies *Preiselbeere*
mulberry, -ies *Maulbeere*
raspberry, -ies *Himbeere*
red currant *Rote Johannisbeere*
strawberry, -ies *Erdbeere*

Tropische Früchte

banana *Banane*
carambola (AE star fruit) *Sternfrucht*
date *Dattel*
fig *Feige*
grapefruit *Pampelmuse*
kiwi (fruit) *Kiwi*
kumquat *Kumquat*
lemon *Zitrone*
lime *Limone*
litchi *Litchi*
mandarin *Mandarine*
mango *Mango*
melon *Melone*
nectarine *Nektarine*
orange *Apfelsine/Orange*
passion fruit *Passionsfrucht*
persimmon *Kaki/Sharonfrucht*
pineapple *Ananas*
pomegranate *Granatapfel*
pomelo *Pomelo*
tangerine *Mandarine*
watermelon *Wassermelone*

Gemüse

artichoke *Artischocke*
asparagus *Spargel*
aubergine (AE eggplant) *Aubergine*
avocado *Avocado*
bean *Bohne*
broccoli *Brokkoli*
Brussels sprouts *Rosenkohl*
cabbage *Kohl*
carrot *Karotte/Möhre*
cauliflower *Blumenkohl*
celery *Sellerie*
corn salad/lamb's lettuce *Feldsalat*
courgette (AE zucchini) *Zucchini*
cucumber *Gurke*
fennel *Fenchel*
garlic *Knoblauch*
horseradish *Meerrettich*
kohlrabi *Kohlrabi*
leek *Lauch*
lettuce *Salat*
olive *Olive*
onion *Zwiebel*
pea *Erbse*
pepper (AE bell pepper) *Paprika*
potato *Kartoffel*
pumpkin *(Zier)Kürbis*
rhubarb *Rhabarber*
spinach *Spinat*
squash *(Speise)Kürbis*
sweet potato *Süßkartoffel*
tomato *Tomate*

Gewürze, Nüsse und Bohnen

GEWÜRZE

allspice *Piment*
cardamom *Kardamom*
caraway *Kümmel*
cinnamon *Zimt*
clove *Nelke*
curry *Curry*
nutmeg *Muskat*
paprika *Paprika*
pepper *Pfeffer*
saffron *Safran*
salt *Salz*

NÜSSE

almond *Mandel*
Brazil nut *Paranuss*
cashew *Cashewnuss*
coconut *Kokosnuss*
chestnut *Kastanie*
hazelnut *Haselnuss*
peanut *Erdnuss*
pecan nut *Pekannuss*
pistachio *Pistazie*
sweet chestnut *Esskastanie/Marone*
walnut *Walnuss*

BOHNEN

black-eyed peas *(Schwarz)Augenbohnen*
broad beans *Saubohnen/Ackerbohnen*
green beans *grüne Bohnen*
kidney beans *Kidneybohnen*
lentils *Linsen*
Lima beans *Limabohnen*
mung beans *Mung(o)bohnen*
pinto beans *Pintobohnen*
roman beans *Gartenbohne*
soybeans *Sojabohnen*
wax beans *Wachsbohnen*

Geschmacksrichtungen und Farben

GESCHMACKSRICHTUNGEN

bitter *bitter*
bland *fade*
chewy *zäh/weich*
creamy *kremig*
crisp *knusprig*
crunchy *knusprig*
delicious *köstlich*
fresh *frisch*
full-bodied *vollmundig*
gooey *klebrig/pampig*
greasy *fettig*
hard *hart*
hot *scharf*
juicy *saftig*
mild *mild*
old *alt*
ripe *reif*
salty *salzig*
savoury (AE savory) *pikant/salzig*
smooth *weich/mild*
soft *weich*
soggy *matschig/pampig*
sour *sauer*
spicy *scharf*
stale *abgestanden*
sticky *klebrig*
strong *kräftig*
sweet *süß*
tart *säuerlich*
tangy *kräftig/scharf*
tasty *geschmackvoll*
tender *zart*
tough *fest*
yummy *lecker*

FARBEN

beige *beige*
black *schwarz*
blue *blau*
bronze *bronzefarben*
brown *braun*
gold *goldfarben*
green *grün*
grey (AE gray) *grau*
lilac *lila*
ocher *ocker*
orange *orange*
pink *rosa/pink*
purple *purpur*
red *rot*
silver *silber*
violet *violett*
white *weiß*
yellow *gelb*

Kleidung

bathrobe *Bademantel*
bikini *Bikini*
briefs *Unterhose/Slip*
blazer *Blazer*
blouse *Bluse*
bra *Büstenhalter*
breeches *Reithose*
boxer shorts *Boxershorts*
cape *Umhang*
cardigan *Strickjacke*
coat *Mantel*
dress *Kleid*
hat *Hut*
hoodie *Kapuzenshirt*
jacket *Jacke*
jeans *Jeans*
leggings *Leggings*
long johns *lange Unterhose*
mackintosh (AE raincoat) *Regenmantel*
negligee *Negligé*
nightgown *Nachthemd*
parka *Parka*
polo neck (AE turtleneck) *Rollkragenpullover*
poncho *Poncho*
pyjamas (AE pajamas) *Schlafanzug*
shirt *Hemd*
shorts *kurze Hose/Shorts*
skirt *Rock*
socks *Socken*
stockings *Strümpfe*
suit *Kostüm*
sweater (BE auch jumper) *Pullover*
sweatshirt *Sweatshirt*
sweatpants *Schwitzhose*
swimsuit *Badeanzug*
swimming trunks *Badehose*
T-shirt *T-Shirt*
tank top (BE) *Pullunder*
tank top (AE) *Trägerhemd*
tights (AE pantyhose) *Strumpfhose*
thongs *Stringtanga*
tracksuit *Trainingsanzug*
trousers (AE pants) *Hose*
underskirt *Unterrock*
vest (AE undershirt) *Unterhemd*
waistcoat (AE vest) *Weste*

Accessoires und Brillen

ACCESSOIRES

bandana *(buntes) Halstuch*
belt *Gürtel*
bow tie *Fliege*
bracelet *Armband/Armkette*
briefcase *Aktentasche*
cane *Stock*
cufflink *Manschettenknopf*
earring *Ohrring*
gloves *Handschuhe*
handbag *Handtasche*
handkerchief *Stofftaschentuch*
necklace *Halskette*
necktie *Halstuch*
parasol *Sonnenschirm*
ring *Ring*
rucksack (AE backpack) *Rucksack*
scarf, -ves *Schal/Halstuch*
shawl *Schultertuch*
suspenders *Hosenträger*
tie *Krawatte*
umbrella *Regenschirm*
watch *Armbanduhr*

BRILLEN

glasses *Brille*
goggles *Taucherbrille*
safety goggles *Schutzbrille*
spectacles *Brille*
sunglasses/shades *Sonnenbrille*

Wohnen

AUSSEN

detached house (AE single-family house) *Einfamilienhaus*
dormer (window) *Gaube*
driveway *Zufahrtsweg*
floor *Stockwerk*
(front) door *(Eingangs)Tür*
garage *Garage*
garden *Garten*
patio *Sitzplatz im Garten*
porch (BE) *Vordach*
roof *Dach*
skylight *Dachluke/Oberlicht*
terrace *Terrasse*
terraced house (AE row house) *Reihenhaus*
veranda(h) (AE porch) *Veranda*
wall *Mauer*
window *Fenster*

INNEN

air conditioning *Klimaanlage*
attic *Dachboden*
balcony *Balkon*
basement *Untergeschoss*
bathroom *Bad(ezimmer)*
bedroom *Schlafzimmer*
ceiling *Decke*
cellar *Keller*
(rubbish) chute *Müllschlucker*
corridor *Flur*
dining room *Esszimmer*
elevator *Aufzug*
fireplace *Kamin*
hall(way) *Flur*
heating *Heizung*
kitchen *Küche*
landing *Treppenabsatz (Flur)*
living/sitting room *Wohnzimmer*
pantry/larder *Speisekammer*
plumbing *Rohrleitungen*
railing *Geländer*
radiator *Heizkörper*
stairs/stairwell *Treppe*
study (room) *Arbeitszimmer*
walk-in closet *begehbarer Wandschrank*

Bad und Möbel

BAD

bath (AE bathtub) *Badewanne*
bidet *Bidet*
flush *Toilettenspülung*
mirror *Spiegel*
sink *Waschbecken*
shower *Dusche*
shower stall *Duschkabine*
soap basket (AE soap dish) *Seifenschale*
tap (AE faucet) *Wasserhahn*
toilet *Toilette*
toilet lid (AE seat cover) *Toilettendeckel*
toilet paper holder *Toilettenpapierhalter*
toilet tank *Spülkasten*
towel rail (AE towel rack) *Handtuchhalter*

MÖBEL

armchair *Sessel*
bed *Bett*
bedside table (AE nightstand) *Nachttisch*
chair *Stuhl*
cupboard *Küchenschrank*
double bed *Doppelbett*
lamp *Lampe*
(book)shelf/bookcase *(Bücher)Regal*
stool *Hocker*
table *Tisch*
wardrobe (AE auch **armoire)** *(Kleider)Schrank*

Haushaltsgeräte

(electric) barbecue grill *(elektrischer) Grill*
broom *Besen*
bucket (AE auch **pail)** *Eimer*
coffee maker *Kaffeemaschine*
coffee mill/coffee grinder *Kaffeemühle*
(gas) cooker (AE [gas] stove) *(Gas)Herd*
deep fryer *Fritteuse*
dishwasher *Geschirrspüler*
dryer *Trockner*
dust/waste bin (AE garbage/trash can) *Mülleimer*
dustpan *Kehrblech*
espresso machine *Espressomaschine*
freezer *Tiefkühlschrank*
hairdryer *Haartrockner/Fön*
juicer *Entsafter/Fruchtpresse*
(steam) iron *(Dampf)Bügeleisen*
kettle *Wasserkocher*
lawn mower *Rasenmäher*
liquidizer (AE blender) *(Stand)Mixer*
microwave *Microwelle*
(hand) mixer *(Hand)Rührgerät/Mixer*
mop *Mop*
(electric) razor *Rasierapparat*
refrigerator/fridge *Kühlschrank*
toaster *Toaster*
vacuum (cleaner) (BE auch **hoover™)** *Staubsauger*
waffle iron *Waffeleisen*
washing machine *Waschmaschine*

Verkehr

Im Straßenverkehr

brake *Bremse*

Dad stepped on the **brakes** when the ball was rolling into the street.
Papa trat auf die Bremse, als der Ball auf die Straße rollte.

to break down *liegen bleiben*

Our car **broke down** east of Plymouth.
Östlich von Plymouth blieb unser Wagen liegen.

car park (AE parking lot/parking garage) *Parkplatz/Parkhaus*

They've built a new **car park** opposite the station.
Sie haben ein neues Parkhaus gegenüber dem Bahnhof gebaut.

to cross *überqueren*

Be careful when you **cross** the street.
Sei vorsichtig, wenn du die Straße überquerst.

to do (kilometre/miles) *(Kilometer/Meilen) schnell fahren*

Our car can **do** over 200 kilometres per hour.
Unser Auto fährt über 200 Kilometer pro Stunde.

to drive *fahren* (selbst am Steuer sitzen)

Who **was driving** the car when the accident happened?
Wer ist gefahren/saß am Steuer, als der Unfall passierte?

driving licence (AE driver's license) *Führerschein*

In the US you have to renew your **driving licence** every four years.
In den USA muss man seinen Führerschein alle vier Jahr erneuern lassen.

helmet *Helm*

All motorcyclists are required to wear **helmets** at all times.
Es ist vorgeschrieben, dass alle Motorradfahrer zu jeder Zeit einen Helm tragen.

to indicate (AE to signal) *blinken*

A lot of drivers don't **signal** when they're turning.
Viele Fahrer blinken nicht, wenn sie abbiegen.

motorway (AE freeway) *Autobahn*

The M25 **motorway** circling London is called "the world's biggest car park".
Die Autobahn M25, die um London herumführt, wird auch der „größte Parkplatz der Welt" genannt.

one-way street *Einbahnstraße*

Are you allowed to ride against traffic on a **one-way street?**
Darf man in einer Einbahnstraße gegen den Verkehr Rad fahren?

petrol (AE gas/gasoline) *Benzin*

Petrol prices have gone up enormously in the past five years.
Die Benzinpreise sind in den letzten fünf Jahren enorm gestiegen.

to pull over *an die Seite fahren und anhalten*

Could you **pull over** here, please? *Könnten Sie bitte hier ranfahren?*

to ride *fahren* (Fahrrad/Motorrad)

Every morning I **ride** to school on my old bicycle.
Jeden Morgen fahre ich mit meinem alten Fahrrad zur Schule.

safety belt/seat belt *Sicherheitsgurt*

You should always fasten your **selt belt.** *Man sollte sich immer anschnallen.*

service area *Raststätte*

A **service area** is a place where you can stop for food and petrol.
Eine Raststätte ist ein Ort, wo man zum Essen und Tanken anhalten kann.

ticket *Strafzettel/Knöllchen*

Mama got a parking **ticket.**
Mama hat ein Knöllchen für Falschparken bekommen.

toll road *gebührenpflichtige Straße*

Are there any **toll roads** in England?
Gibt es in England gebührenpflichtige Straßen?

traffic jam *Stau*

Last week we were stuck in a **traffic jam** for two hours.
Letzte Woche standen wir zwei Stunden im Stau.

traffic lights (AE stoplight) *Ampel*

Just turn left at the next **traffic lights** and you'll see the football stadium to your right.
Biegen Sie einfach an der nächsten Ampel links ab und Sie werden das Fußballstadion zu Ihrer Rechten sehen.

zebra crossing (AE crosswalk) *Fußgängerüberweg*

There's a **zebra crossing** coming up ahead.
Weiter vorn kommt ein Fußgängerüberweg.

Wegbeschreibungen

to tell somebody the way/to tell somebody how to
jemandem etwas sagen

Can/Could you **tell me the way** to the station, please?
Können/Könntest du/Könnten Sie mir den Weg zum Bahnhof sagen?

Can/Could you **tell me how to** get to the station?
Können/Könnten Sie mir sagen, wie ich zum Bahnhof komme?

how to get to *wie komme ich/kommt man*

How do I get to the zoo, please?
Wie komme ich bitte zum Zoo?

to take *nehmen*

Take the next right turn and the zoo is on your left.
Nehmen Sie die nächste rechts und der Zoo ist zu Ihrer Linken.

on the/your left/right *links (zur Linken)/rechts (zur Rechten)*

Take the second street **on the/your left.**
Nimm/Nehmen Sie die zweite Straße links.

to turn left/right *links abbiegen/rechts abbiegen*

Turn left at the post office.
Biegen Sie bei der Post rechts ab.

to go straight on (AE ahead)

Go straight on and you'll see the petrol station on your left.
Fahren Sie geradeaus weiter und Sie sehen die Tankstelle zu Ihrer Linken.

to go/walk past *vorbeifahren/vorbeigehen*

You **walk past** the supermarket and then turn left.
Sie gehen am Supermarkt vorbei und biegen dann nach links ab.

Fahrzeuge

articulated lorry (AE semi) *Sattelschlepper*
ATV (all terrain vehicle) *Geländewagen*
bicycle *Fahrrad*
bulldozer *Planierraupe*
bus *Bus*
car *Auto*
caravan (AE trailer) *Wohnwagen*
coach (AE bus) *Überlandbus*
convertible *Cabrio(let)*
dumper truck (AE dump truck) *Kipplaster*
eighteen-wheeler *Sattelzug (mit 18 Rädern)*
excavator *Bagger*
four-wheel drive vehicle *Allradfahrzeug*
hatchback Auto mit Heckklappe
limousine *Limousine*
lorry (AE truck) *LKW*
low loader (AE flatbed truck) *Tieflader*
motorbike (AE motorcycle) *Motorrad*
pickup (truck) *Kleintransporter mit offener Ladefläche*
racing car (AE racecar) *Rennwagen*
road train *Gigaliner/Lastzug*
saloon (car) (AE sedan) *Limousine*
scooter *Roller*
sports car *Sportwagen*
station wagon *Kombi*
strech limo *überlange Limousine*
SUV (sports utility vehicle) *Geländelimousine*
tow truck *Abschleppwagen*
tractor *Traktor*
van *Lieferwagen*

Freizeit, Sport und Urlaub

Freizeit

- **hobby, -ies** *Hobby*
  What are your **hobbies?**
  Welche Hobbys hast du?

- **to be good at (doing) something** *etwas gut tun können*
  My sister is getting very **good at** singing.
  Meine Schwester kann mittlerweile richtig gut singen.

- **to be interested in something**
  an etwas interessiert sein/sich für etwas interessieren
  I'm **interested in** sports and music.
  Ich interessiere mich für Sport und Musik.

- **to be keen on (doing) something** *von etwas begeistert sein*
  Mum's not terribly **keen on** opera, musicals or jazz music.
  Mama ist nicht besonders begeistert von Oper, Musicals oder Jazz.

- **to do sport (AE sports)** *Sport treiben*
  I**'ve** always **done** a lot of **sport.**
  Ich treibe schon immer viel Sport.

- **to play computer games** *Computerspiele spielen, zocken*
  Jamie spends hours playing online **computer games** with his friends.
  Jamie verbringt Stunden damit, mit seinen Freunden Online-Computerspiele zu spielen.

- **to play an instrument** *ein (Musik)Instrument spielen*
  Do you **play an instrument?** – Yes, I play the guitar.
  Spielst du ein Instrument? – Ja, ich spiele Gitarre.

Sport

trainer/coach *Trainer*
player *Spieler/in*
players' bench *Spielerbank*
umpire (cricket, baseball, US football, tennis etc.) *Schiedsrichter/in*
referee (football, basketball, soccer etc.) *Schiedsrichter/in*
scorer/scorekeeper *Punktezähler/in*
timekeeper *Zeitnehmer/in*
scoreboard *Anzeigetafel*

stadium *Stadion*
dome *kuppelförmiges, geschlossenes Stadion*
arena *Wettkampfanlage*
pitch (AE field) (rugby, baseball, football etc.) *Platz*
court (tennis, basketball, volleyball, squash etc.) *Spielfeld*

paddle (table tennis) *Tischtennisschläger*
racket (tennis) *Schläger*
bat (cricket, baseball) *Schläger*
stick (hockey) *Schläger*
glove *Handschuh*
puck *Eishockeyscheibe/Puck*
jersey *Trikot*
protective equipment *Schutzausrüstung*
face mask *Gesichtsmaske*
helmet *Helm*

ruck Zusammendrängen beim Rugby (wenn der Ball am Boden ist)
huddle Zusammendrängen beim Football (um sich zu besprechen)

defence (AE defense) *Verteidigung*
offence (AE offense) *Angriff*

Fußball

bench *Bank*
bicycle kick/scissor kick *Fallrückzieher*
corner flag *Eckfahne*
crossbar *Querlatte*
defender *Verteidiger*
extra time (AE overtime) *Nachspielzeit*
free kick (direct, indirect) *Freistoß*
friendly *Freundschaftsspiel*
goal *Tor*
goalkeeper *Torwart*
goal line *Torlinie*
goalpost *Pfosten*
half-time *Halbzeit*
header *Kopfball*
kick-off *Anstoß*
linesman/assistant referee *Linienrichter*
offside *Abseits*
offside trap *Abseitsfalle*
penalty area *Elfmeterraum*
penalty kick *Elfmeter*
penalty shootout *Elfmeterschießen*
pitch *Spielfeld*
red card *Rote Karte*
substitute *Austauschspieler*
sweeper/libero *Libero*
striker *Angreifer*
throw-in *Einwurf*
touch-line *Seitenauslinie*
wall *Mauer*
yellow card *Gelbe Karte*

Urlaub

abroad *im/ins Ausland*

We're going **abroad** next summer.
Im nächsten Sommer fahren wir ins Ausland.

accommodation *Unterkunft/Unterbringung*

Our hotel provided **accommodation** for 20 people only.
Unser Hotel bot nur für 20 Leute Unterkunft.

bed and breakfast (privates Zimmer mit Frühstück)

In England we usually stay at a **bed and breakfast.**
In England wohnen wir für gewöhnlich in einem Bed and Breakfast.

to book *buchen*

We **booked** our holiday three months in advance.
Wir buchten unseren Urlaub drei Monate im Voraus.

cancellation *Stornierung*

The hotel was fully booked and there were no **cancellations.**
Das Hotel war restlos ausgebucht und es gab keine Stornierungen.

campsite (AE campground) *Campingplatz*

The **campsite** is only a few metres from the beach.
Der Campingplatz ist nur wenige Meter vom Strand entfernt.

holiday (AE vacation) *Urlaub*

Where are you going on **holiday** this year?
Wohin fährst du in Urlaub dieses Jahr?

Did you have a nice **holiday?**
Hattest du einen schönen Urlaub?

to go camping *zelten gehen*

We **went camping** near Aberystwyth in Wales.
Wir sind in der Nähe von Aberystwyth in Wales zelten gegangen.

luggage (AE baggage) *Gepäck*

I'd never buy **luggage** such as travel bags or suitcases online.
Ich würde nie Gepäck wie Reisetaschen oder Koffer online kaufen.

passport *Reisepass*

Your **passport** must be valid for at least another six months.
Dein Reisepass muss noch mindestens sechs Monate gültig sein.

to stay *bleiben/(vorrübergehend) wohnen*

We **stayed** in a lovely little town called Ambleside.
Wir wohnten in einer netten kleinen Stadt namens Ambleside.

suitcase *Koffer*

I don't like **suitcases,** I prefer backpacks.
Ich mag Koffer nicht, ich ziehe Rucksäcke vor.

to travel *reisen/fahren*

We're planning to **travel** to Southern France this summer.
Wir planen, diesen Sommer nach Südfrankreich zu fahren.

youth hostel *Jugendherberge*

Have you ever stayed in a **youth hostel?**
Bist du schon mal in einer Jugendherberge gewesen?

visa *Visum*

In many countries you get an **entry visa** upon arrival.
In vielen Ländern bekommt man bei der Ankunft ein Einreisevisum.

Bekannte Regionen und Flüsse

UK

Greater London Area
East Midlands
West Midlands
Southern England
Northern England
the Lake District
the Peak District
Yorkshire Dales
North York Moors
the Pennines
the Highlands
the Lowlands
East Anglia
Upper Thames
the Inner Hebrides
the Outer Hebrides

US

the Deep South
the Middle West/Midwest
the East Coast
the West Coast
New England
the (Great) Plains
Great Lakes Region
the Gulf Coast
the (Far) West
the Rocky Mountains
the Appalachian Mountains/Appalachia
the Ozarks
the Bay Area
Grand Canyon
Napa Valley
Sierra Nevada

FLÜSSE

the Thames
the Humber
the Avon
the Severn
the Trent
the Great Ouse

the Mississippi River
the Missouri River
the Ohio River
the Yukon River
the Colorado River
Rio Grande
Red River
Snake River

Länder und Sprachen

Albania *Albanien*
Australia *Australien*
Austria *Österreich*
Belarus *Weißrussland*
Belgium *Belgien*

Bosnia and Herzegovina
Bosnien und Herzegowina

Brazil *Brasilien*
Bulgaria *Bulgarien*
Canada *Kanada*
China *China*
Croatia *Kroatien*
Cyprus *Zypern*
Czech Republic *Tschechien*
Denmark *Dänemark*
Egypt *Ägypten*
England *England*
Estonia *Estland*
Finland *Finnland*
France *Frankreich*
Georgia *Georgien*
Germany *Deutschland*
Greece *Griechenland*
Hungary *Ungarn*
Iceland *Island*
India *Indien*
Iran *Iran*
Ireland *Irland*
Israel *Israel*

Albanian *Albanisch*
English *Englisch*
German *Deutsch*
Belarusian *Weißrussisch*
Dutch, French, German
Niederländisch, Französisch, Deutsch

Bosnian *Bosnisch*

Portuguese *Portugiesisch*
Bulgarian *Bulgarisch*
English, French *Englisch, Französisch*
Chinese *Chinesisch*
Croatian *Kroatisch*
Greek, Turkish *Griechisch, Türkisch*
Czech *Tschechisch*
Danish *Dänisch*
Arabic *Arabisch*
English *Englisch*
Estonian *Estnisch*
Finnish *Finnisch*
French *Französisch*
Georgian *Georgisch*
German *Deutsch*
Greek *Griechisch*
Hungarian *Ungarisch*
Icelandic *Isländisch*
Hindi, English *Hindi, Englisch*
Persian *Persisch*
Gaelic *Gälisch*
Hebrew *Hebräisch*

Italy *Italien* — **Italian** *Italienisch*
Japan *Japan* — **Japanese** *Japanisch*
Latvia *Lettland* — **Latvian** *Lettisch*
Lithuania *Litauen* — **Lithuanian** *Litauisch*
Luxembourg *Luxemburg* — **Luxembourgish, French, German** *Luxemburgisch, Französisch, Deutsch*

Macedonia *Mazedonien* — **Macedonian** *Mazedonisch*
Malta *Malta* — **Maltese, English** *Maltesisch, Englisch*
Mexico *Mexiko* — **Spanish** *Spanisch*
Moldova *Moldawien* — **Romanian** *Rumänisch*
Montenegro *Montenegro* — **Montenegrin** *Montenegrinisch*
The Netherlands *Niederlande* — **Dutch** *Niederländisch*
New Zealand *Neuseeland* — **English** *Englisch*
Norway *Norwegen* — **Norwegian** *Norwegisch*
Poland *Polen* — **Polish** *Polnisch*
Portugal *Portugal* — **Portuguese** *Portugiesisch*
Romania *Rumänien* — **Romanian** *Rumänisch*
Russia *Russland* — **Russian** *Russisch*
Saudi Arabia *Saudi-Arabien* — **Arabic** *Arabisch*
Scotland *Schottland* — **Scottish** *Schottisch*
Serbia *Serbien* — **Serbian** *Serbisch*
Slovakia *Slowakei* — **Slovakian** *Slowakisch*
Slovenia *Slowenien* — **Slovenien** *Slowenisch*
South Africa *Südafrika* — **Afrikaans, English** *Afrikaans, Englisch*
South Korea *Südkorea* — **Korean** *Koreanisch*
Spain *Spanien* — **Spanish** *Spanisch*
Sweden *Schweden* — **Swedish** *Schwedisch*
Switzerland *Schweiz* — **Swiss German** *Schweizerdeutsch*
Turkey *Türkei* — **Turkish** *Türkisch*
Ukraine *Ukraine* — **Ukrainian** *Ukrainisch*
United States *Vereinigte Staaten* — **English** *Englisch*
Wales *Wales* — **Welsh** *Walisisch*

Politik und Gesellschaft

Politik

the White House (US) *das Weiße Haus*
(the) Congress (US) *(der) Kongress*
the Senate (US) *der Senat*
the House of Representatives (US) *das Repräsentantenhaus*
the Pentagon (US) *(Sitz des Verteidigungsministeriums)*
Electoral College (US) *Wahlmännergremium*
President (US) *Präsident*
constitutional monarchy (UK) *konstitutionelle Monarchie*
10 Downing Street (UK) *(Amtswohnung des Premierministers)*
the Houses of Parliament (UK) *Parlamentsgebäude*
the House of Lords (UK) *das Oberhaus*
the Lower House/House of Commons (UK) *das Unterhaus*
Member of Parliament (UK) *Parlamentsmitglied*
Prime Minister (UK) *Premierminister*
Chancellor (UK) *Kanzler*
Foreign Minister (AE Secretary of State) *Außenminister*
Home Secretary (AE Secretary of the Interior) *Innenminister*
Defence Secretary (AE Secretary of Defense) *Verteidigungsminister*
Business Secretary (AE Secretary of Commerce) *Wirtschaftsminister*
Chancellor of the Exchequer (AE Secretary of the Treasury) *Finanzminister*

federal government *Bundesregierung*
minister president *Ministerpräsident*
party *Partei*
parliament *Parlament*
opposition *Opposition*
grand coalition *große Koalition*
overhang mandate *Überhangmandat*
bi-partisan system *Zweiparteiensystem*
five-percent threshold *Fünfprozenthürde*

Wahlen

election *Wahl*
general election *Parlamentswahl*
to win/lose an election *eine Wahl gewinnen/verlieren*
to stand for election (AE to run for office) *sich zur Wahl stellen/kandidieren*
election year *Wahljahr*
federal election *Bundestagswahl*
election campaign *Wahlkampagne*
election address *Wahlrede*
presidential race *Präsidenschaftswahlkampf*
(election) victory *Wahlsieg*
(election) defeat *Wahlniederlage*
(election) fraud *Wahlbetrug*
to vote *wählen*
to cast a ballot *eine Stimme abgeben*
voter *Wähler/in*
(voter) turnout *Wahlbeteiligung*
voting system *Wahlsystem*
right to vote/suffrage *Wahlrecht*
to gain the majority of votes *die Mehrheit der Stimmen erhalten*
majority voting system *Mehrheitswahlrecht*
proportional representation *Verhältniswahlrecht*
to be eligible to vote *wahlberechtigt sein*
polling day (AE election day) *Wahltag*
polling card *Wahlbenachrichtigung*
ballot box *Wahlurne*
constituency *Wahlkreis/Wahlbezirk*
electorate *Wählerschaft/Wahlberechtigte*
legislative period/term *Legislaturperiode*
incumbent *Amtsinhaber/in*
candidate/nominee *Kandidat*
survey/poll *Umfrage*

Menschenrechte

- **to be equal before the law** *gleichberechtigt sein*
  All people, regardless of race, gender, colour and religion, should **be equal before the law**.
  Alle Menschen sollten ungeachtet ihrer Rasse, ihres Geschlechts, ihrer Hautfarbe und ihre Religion vor dem Gesetz gleich sein.

- **to be illiterate** *analphabetisch, nicht lesen und schreiben können*
  Even Britain has a few million adults who are functionally **illiterate**.
  Sogar in Großbritannien gibt es einige Millionen Erwachsene, die so gut wie nicht lesen und schreiben können.

- **to discriminate against somebody**
  jemanden diskriminieren/jemanden benachteiligen
  Laws that **discriminate against** minorities are a disgrace.
  Gesetze, die Minderheiten benachteiligen, sind eine Schande.

- **ethnic minority** *ethnische Minderheit*
  There are over 10 non-white **ethnic minorities** in Britain.
  In Großbritannien gibt es über 10 nicht-weiße ethnische Minderheiten.

- **human right** *Menschenrecht*
  In a democracy the right to vote is a basic **human right**.
  In einer Demokratie ist das Wahlrecht ein grundsätzliches Menschenrecht.

- **inalienable right** *unveräußerliches Recht*
  To decide your own future is an **inalienable right** that cannot be taken away from you.
  Die eigene Zukunft zu entscheiden ist ein unveräußerliches Recht, das einem nicht genommen werden kann.

economic migrant *Wirtschaftsflüchtling*
foreign worker *Gastarbeiter/in*
refugee *Flüchtling*

Generationskonflikt

generation gap *Generationskonflikt*

There is no **generation gap** between me and my parents – we listen to the same music.
Es gibt keinen Generationskonflikt zwischen mir und meinen Eltern. Wir hören dieselbe Musik.

the older generation *die ältere Generation*

The **older generation** often puts more emphasis on traditional values.
Die ältere Generation legt häufig mehr Wert auf traditionelle Werte.

conflict *Konflikt/Streit/Auseinandersetzung*

Mother and daughter seems to have an ongoing **conflict.**
Mutter und Tochter scheinen in permanentem Konflikt zu sein.

lack of understanding *Mangel an Verständnis*

Parental **lack of understanding** can be the reason for teenage alienation.
Mangelndes Verständnis seitens der Eltern kann der Grund für die Entfremdung von Teenagern sein.

difference in opinion *Meinungsverschiedenheit*

Differences in opinion are nothing to worry about.
Meinungsverschiedenheiten sind nichts, worum man sich sorgen müsste.

baby boomer *Babyboomer*

My father was born in 1961 – so he's a **baby boomer.**
Mein Vater wurde 1961 geboren; er ist also ein Babyboomer.

Religion

religion *Religion*

Last year we learned a lot about the big world **religions.**
Letztes Jahr haben wir viel über die großen Weltreligionen erfahren.

religious *religiös*

Her first husband was a very **religious** person.
Ihr erster Ehemann war ein sehr religiöser Mensch.

denomination *Konfession/Glaubensgemeinschaft*

I'm not attached to a particular **denomination.**
Ich gehöre keiner bestimmten Konfession an.

church *Kirche (Institution und Gebäude)*

She's always supported the separation of **church** and state.
Sie hat immer die Trennung von Kirche und Staat unterstützt.

I used to go to **church** every Sunday.
Früher ging ich jeden Sonntag in die Kirche.

faith *Glaube/Überzeugung/Vertrauen*

When his son died he lost his **faith** in God.
Als sein Sohn starb, verlor er seinen Glauben an Gott.

belief *Glaube/Meinung*

As a child I had a strong **belief** that Santa Claus really did exist.
Als Kind war ich im festen Glauben, dass es den Weihnachtsmann tatsächlich gibt.

prayer *Gebet*

I just hope he'll answer my **prayers.**
Ich hoffe, dass er meine Gebete erhört.

teachings *Lehre*

Buddhism is based on the **teachings** of Siddhartha Gautama.
Der Buddhismus beruht auf der Lehre von Siddhartha Gautama.

Scripture/the Bible *die Bibel*

I read in **Scripture** "The Lord is the true God."
In der Bibel habe ich gelesen: „Der Herr ist der wahrhafte Gott".

the Qur'an/the Koran *der Koran*

I read in the **Qur'an**, "Allah – there is no deity except Him."
Ich habe im Koran gelesen: „Allah – es gibt keinen Gott außer Ihm".

service *Gottesdienst*

Today's **service** was conducted by my uncle.
Der heutige Gottesdienst wurde von meinem Onkel gehalten.

sermon *Predigt*

My father gave a long **sermon** on being late.
Mein Vater hielt mir eine lange Preidigt über das Zuspätkommen.

reincarnation *Wiedergeburt*

Do you believe in **reincarnation?**
Glaubst du an Wiedergeburt?

sin *Sünde*

Have you ever confessed to a **sin?**
Hast du je eine Sünde gebeichtet?

penance *Buße*

He did **penance** for a crime he didn't commit.
Er tat Buße für eine Tat, die er nicht begangen hat.

Kriminalität

- **crime** *Kriminalität/Verbrechen/Straftat*
  We moved away because there was too much **crime.**
  Wir sind weggezogen, weil es zu viele Verbrechen gab.

- **to commit a crime** *ein Verbrechen begehen*
  My paper is about why women **commit** fewer **crimes** than men.
  Mein Referat handelt davon, warum Frauen weniger Verbrechen begehen als Männer.

- **to combat/fight (against) crime** *Verbrechen bekämpfen*
  Surveillance cameras are supposed to help **combat crime.**
  Überwachungskameras sollen bei der Verbrechensbekämpfung helfen.

- **to solve a crime** *ein Verbrechen lösen*
  Many cyber **crime** cases are difficult **to solve.**
  Viele Fälle von Internetkriminalität sind schwierig zu lösen.

- **to confess to a crime** *ein Verbechen eingestehen*
  He **confessed to crimes** he didn't commit.
  Er gestand Verbrechen ein, die er gar nicht begangen hat.

capital crime *Kapitalverbrechen*
crime novel *Krimi*
crime prevention *Kriminalitätsverhütung*
crime rate *Kriminalitätsrate*
crime victim *Verbrechensopfer*
cyber crime *Internetkriminalität*
juvenile/youth crime *Jugendkriminalität*
organized crime *organisierte Kriminalität*
petty crime *Bagatellvergehen*
scene of a crime *Tatort*

to be accused of/to be charged with *beschuldigt werden*
She **was charged with** circulating counterfeit money.
Sie wurde angeklagt, Falschgeld in Umlauf gebracht zu haben.

to be arrested (for something) *(für etwas) verhaftet werden.*
He got **arrested** on suspicion of blackmailing the head teacher.
Er wurde wegen des Verdachts, den Rektor erpresst zu haben, verhaftet.

to be/get mugged *(auf offener Straße) ausgeraubt werden*
Have you ever been **mugged?**
Bist du je auf offener Straße ausgeraubt worden?

to break the law *gegen das Gesetz verstoßen*
You **break the law** if you go through a red light.
Du verstößt gegen das Gesetz, wenn du bei Rot über die Ampel fährst.

to convict/acquit somebody *jemanden verurteilen/freisprechen*
They **were acquitted** of all charges.
Sie wurden in allen Anklagepunkten freigesprochen.

to plead (not) guilty (to something) *sich (nicht) schuldig bekennen*
His father **pleaded guilty** to insurance fraud.
Sein Vater bekannte sich schuldig des Versicherungsbetrugs.

to take somebody to court
jemanden verklagen/jemanden vor Gericht bringen

She **took** her boss **to court** for embezzling £100,000.
Sie verklagte ihren Chef, 100 000 Pfund unterschlagen zu haben.

murder (AE auch **homicide)** *Mord*
The caretaker committed the **murder**
Der Hausmeister hat den Mord begangen.

Natur und Umwelt

Tiere

alligator *Alligator*
ant *Ameise*
badger *Dachs*
bear *Bär*
beaver *Biber*
bee *Biene*
bison *Bison/Wisent*
buffalo *Büffel*
bumblebee *Hummel*
butterfly *Schmetterling*
camel *Kamel*
cheetah *Gepard*
chicken *Hühnchen*
cougar (AE) *Puma*
cow *Kuh*
crocodile *Krokodil*
donkey *Esel*
dromedary *Dromedar*
duck *Ente*
elephant *Elefant*
elk *Elch*
fly *Fliege*
fox *Fuchs*
frog *Frosch*
giraffe *Giraffe*
goose *Gans*
guinea pig *Meerschweinchen*
hare *Hase*
hedgehog *Igel*
hippo(potamus) *Flusspferd*
horse *Pferd*
jaguar *Jaguar*
kangaroo *Känguru*
koala *Koala*
leopard *Leopard*
lion *Löwe*
mole *Maulwurf*
moose *(nordamerikanischer) Elch*
mouse *Maus*
mule *Maultier*
opossum *Opossum*
ox, oxen *Ochse*
polar bear *Eisbär*
pony *Pony*
rabbit *Kaninchen*
raccoon *Waschbär*
rat *Ratte*
rhino(ceros) *Nashorn*
skunk *Stinktier*
snail *Schnecke*
snake *Schlange*
spider *Spinne*
squirrel *Eichhörnchen*
tiger *Tiger*
tortoise *(Land)Schildkröte*
turkey *Truthahn/Pute*
turtle *(Wasser)Schildkröte*
wallaby *Wallaby*
wasp *Wespe*
wild boar *Wildschwein*
wolf *Wolf*
zebra *Zebra*

Vögel und Hunde

VÖGEL

albatross *Albatross*
blackbird *Amsel*
buzzard *Bussard*
condor *Kondor*
crow *Krähe*
cuckoo *Kuckuck*
eagle *Adler*
falcon *Falke*
finch *Fink*
flamingo *Flamingo*
hawk *Habicht*
heron *Reiher*
hummingbird *Kolibri*
magpie *Elster*
nightingale *Nachtigall*
ostrich *Strauß*
owl *Eule*
pelican *Pelikan*
penguin *Pinguin*
raven *Rabe*
robin *Rotkehlchen*
seagull *Möve*
sparrow *Sperling/Spatz*
starling *Star*
stork *Storch*
swallow *Schwalbe*
swift *Mauersegler*
tit(mouse) *Meise*
woodpecker *Specht*
vulture *Geier*

HUNDE

beagle *Beagle*
boxer *Boxer*
bulldog *Bulldogge*
chow chow *Chow-chow*
collie *Collie*
dachshund *Dackel*
dalmatian *Dalmatiner*
dobermann *Dobermann*
German shepherd *Schäferhund*
golden retriever *Golden Retriever*
Great Dane *Dogge*
greyhound *Windhund*
husky *Husky*
labrador *Labrador*
pinscher *Pinscher*
poodle *Pudel*
rottweiler *Rottweiler*
Saint Bernard *Bernhardiner*
schnauzer *Schnauzer*
setter *Setter*
terrier *Terrier*

Tiergeräusche

cock-a-doodle-doo *Kikeriki* (Hahn)
to bark *bellen* (Hund)
to bleat *blöken* (Rind)
to buzz *summen* (Biene)
to caw *krächzen* (Rabe/Krähe)
to chirp *zwitschern, tschilpen* (Vogel)
to cluck *gackern* (Huhn)
to coo *gurren* (Taube)
to croak *quaken* (Frosch)
to gaggle *schnattern* (Gans)
to hee haw *iahen* (Esel)
to hiss *fauchen* (Katze)
to hiss *zischen* (Schlange)
to hoot/to screech *heulen/schreien* (Eule)
to miaow (BE)/to meow (AE) *miauen* (Katze)
to oink *grunzen* (Schwein)
to peep *piepsen* (Vogel)
to purr *schnurren* (Katze)
to quack *quaken* (Ente)
to roar *brüllen* (Löwe)
to sing *singen* (Vogel)
to snort *fauchen/schnauben* (Drache)
to squawk *kreischend schreien* (Möwe)
to squeak *fiepen* (Maus)
to trill *trällern* (Vogel)
to warble *trillern* (Vogel)
to whine *jaulen/winseln* (Hund)
to whinny/to neigh *wiehern* (Pferd)
to whistle *pfeifen* (Vogel)

Umwelt

- **biodegradable** *biologisch abbaubar*

  Biodegradable products can be decomposed by bacteria.
  Biologisch abbaubare Produkte können von Bakterien zersetzt werden.

- **to contaminate/to pollute** *verseuchen/verschmutzen*

  20 years ago our rivers were much more **polluted** than today.
  Vor 20 Jahren waren unsere Flüsse viel verschmutzter als heute.

- **deforestation** *Abholzung/Entwaldung*

  Land erosion in the tropics is often caused by **deforestation**.
  In den Tropen ist die Abholzung der Wälder eine häufige Ursache für Bodenerosion.

- **(the) environment** *(die) Umwelt*

  Plastic bags are not good for **the environment.**
  Plastiktüten sind nicht gut für die Umwelt.

- **environmentally friendly/eco-friendly** *umweltfreundlich*

  We should promote the production of **environmentally friendly** products.
  Wir sollten die Produktion umweltfreundlicher Produkte vorantreiben.

- **environmental protection** *Umweltschutz*

  The government has made **environmental protection** a national priority.
  Die Regierung hat den Umweltschutz zu einer staatlichen Priorität gemacht.

- **erosion** *Erosion/Abtragung/Auswaschung*

  Increased rainfall amounts leads to greater soil **erosion.**
  Eine Zunahme der Regenfallmenge führt zu größerer Bodenerosion.

- **to recycle** *recyceln*

  We only buy **recycled** toilet paper.
  Wir kaufen nur recyceltes Toilettenpapier.

sustainability *Nachhaltigkeit*
Will we achieve environmental **sustainability** in the near future?
Werden wir ökologische Nachhaltigkeit in naher Zukunft erreichen?

sewage treatment *Abwasseraufbereitung/Abwasserbehandlung*
urbanization *Verstädterung/Urbanisierung*
waste management *Abfallwirtschaft/Abfallentsorgung*

Wetter

weather *Wetter*
What was the **weather** like last week in Glasgow?
Wie war das Wetter letzte Woche in Glasgow?

weather forecast *Wetterbericht/Wettervorhersage*
The **weather forecast** said it would be fair this afternoon.
Der Wetterbericht sagte, dass es heute Nachmittag heiter sein wird.

thunderstorm *Gewitter*
There was a heavy **thunderstorm** over Gloucester last night.
Gestern Abend gab es ein heftiges Gewitter über Gloucester.

hailstorm *Hagelschauer*
The damage from yesterday's **hailstorm** will run into the millions.
Der Schaden vom gestrigen Hagelschauer wird sich auf Millionen belaufen.

(flash of) lightning *Blitz(schlag)*
Usually you see the **flash of lightning** before you hear the thunder.
Normalerweise sieht man den Blitz bevor man den Donner hört.

cloudy/overcast *bewölkt/bedeckt*
fair *heiter*
foggy *neblig*
freezing (cold) *unter Null*
hazy *leicht neblig*
hot *(sehr) warm*
mild *mild*
stormy *stürmig*
sunny *sonnig*
windy *windig*

Klimawandel

climate change *Klimawandel*

Climate change is now recognized as a major environmental problem.
Der Klimawandel wird heute als größeres Umweltproblem anerkannt.

CO_2 emissions *CO_2-Ausstoß*

What can we do to reduce our **CO_2 emissions?**
Was können wir tun, um unseren CO_2-Ausstoß zu verringern?

flooding *Überschwemmung(en)*

Hurricane Sandy caused widespread coastal **flooding** in New York State.
Hurrikan Sandy verursachte ausgedehnte Überschwemmungen an den Küsten im Staate New York.

fossil fuels *fossile Brennstoffe*

The use of **fossil fuels** has to be reduced in order to curb global warming.
Der Verbrauch fossiler Brennstoffe muss reduziert werden, um die Erderwärmung einzudämmen.

global warming *(globale) Erderwärmung*

Global warming is presumably caused by heat-trapping gases.
Die Erderwärmung wird vermutlich durch Treibhausgase verursacht.

greenhouse effect *Treibhauseffekt*

Is mankind to blame for the rise of the **greenhouse effect?**
Ist die Menschheit schuld am Anstieg des Treibhauseffekts?

heat-trapping gas *Treibhausgas*

Heat-trapping gases like carbon dioxide are responsible for global warming.
Treibhausgase wie Kohlendioxid sind verantwortlich für die Erderwärmung.

hybrid (car) *Hybridauto*

Hybrid cars are cars that run on both electricity and petrol.
Hybridautos sind Autos, die sowohl mit Elektrizität als auch mit Benzin fahren.

renewable energy sources *erneuerbare Energiequellen*

Sunlight, wind and water are **renewable energy sources.**
Sonnenlicht, Wind und Wasser sind erneuerbare Energiequellen.

solar/wind power *Solar-/Windenergie*

Solar power is the conversion of sunlight into electricity by use of photovoltaic cells.
Solarenergie ist die Umwandlung von Sonnenlicht in Strom mithilfe von Solarzellen.

waste of energy *Energieverschwendung*

Leaving the lights on all night is a **waste of energy.**
Die ganze Nacht das Licht anzulassen, ist Energieverschwendung.

Daten, Zahlen und Mengen

Tageszeiten, Mahlzeiten und Daten

TAGESZEITEN

morning *Morgen*
lunchtime *Mittag*
noon *12:00 Uhr Mittags*
afternoon *Nachmittag*
teatime *5:00 Uhr Nachtmittagstee*
evening *Abend*
night *Nacht*
midnight *Mitternacht*

MAHLZEITEN

breakfast *Frühstück*
brunch *Brunch*
lunch *Mittagessen*
afternoon tea *Nachmittagstee*
tea (BE) *Abendessen*
dinner *Hauptmahlzeit*
supper *Abendbrot*
snack *Imbiss*

DATEN UND JAHRESZAHLEN

2(nd) July 2014 = the second of July two thousand fourteen (UK)
07/02/2014

July 2, 2014 = July second twenty fourteen (US)
02/07/2014

70 AD = Anno Domini/After Christ
(im Jahr) 70 nach Christus

120 CE = Common Era
(im Jahr) 120 unserer Zeitrechnung

63 BC = Before Christ
(im Jahr) 63 vor Christus

12 BCE = Before the Common Era
(im Jahr) 12 vor unserer Zeitrechnung

Uhrzeiten

o'clock *Uhr* (nur zur vollen Stunde)
Let's meet at 6 **o'clock**.
Lasst uns um 18:00 Uhr treffen.

to (AE auch **before**) *vor*
It's ten minutes **to** three.
Es ist 10 Minuten vor 3.

past (AE auch **after**) *nach*
First period starts at 10 **past** 8.
Die erste Stunde fängt um 10 nach 8 an.

half past (BE auch **half**) *halb* (nach der Stunde)
It's exactly **half** nine.
Es ist genau halb zehn.

(a) **quarter to/past** *Viertel*
I rang you at **quarter past** 3.
Ich habe dich um Viertel nach 3 angerufen.

am (AE **a.m.**) *0:00–12:00 Uhr*
The plane arrived at 9 **am.**
Das Flugzeug ist um 9:00 Uhr angekommen.

pm (AE **p.m.**) *12:00–24:00 Uhr*
We should meet at 8 **pm.**
Wir sollten uns um 20:00 Uhr treffen.

time *Uhr/Zeit*
What's the **time?**/What **time** is it?
Wie viel Uhr ist es?

hour *Stunde*/**minute** *Minute*/**second** *Sekunde*
He ran the marathon in three **hours,** twenty **minutes** and fourteen **seconds.**
Er lief den Marathon in drei Stunden, zwanzig Minuten und vierzehn Sekunden.

Jahreszeiten, Monate und Wochentage

JAHRESZEITEN

winter *Winter*
spring *Frühling*
summer *Sommer*
autumn (AE fall) *Herbst*

MONATE

January *Januar*
February *Februar*
March *März*
April *April*
May *Mai*
June *Juni*
July *Juli*
August *August*
September *September*
October *Oktober*
November *November*
December *Dezember*

WOCHENTAGE

Monday *Montag*
Tuesday *Dienstag*
Wednesday *Mittwoch*
Thursday *Donnerstag*
Friday *Freitag*
Saturday *Samstag/Sonnabend*
Sunday *Sonntag*

Feiertage

FEIERTAGE: UK UND US

New Year's Day *Neujahr* (UK, US)
Martin Luther King Jr.'s Birthday/Martin Luther King Day (US)
Presidents' Day (US)
Good Friday *Karfreitag* (UK)
Easter *Ostern* (UK, US)
Easter Monday *Ostermontag* (UK)
Memorial Day (US)
Early May/Spring/Summer bank holiday (UK)
Independence Day *Unabhängigkeitstag* (US)
Labor Day *Tag der Arbeit* (US)
Columbus Day (US)
Veterans' Day (US)
Thanksgiving Day *Erntedankfest* (US)
Christmas Day *1. Weihnachtstag* (UK, US)
Boxing Day *2. Weihnachtstag* (UK)

WEITERE FEIERTAGE

Heilige Drei Könige **Epiphany**
Maifeiertag **Labour Day/May Day**
Christi Himmelfahrt **Ascension Day**
Fronleichnam **Corpus Christi**
Pfingsten **Whitsun/Pentecost**
Tag der Deutschen Einheit **Day of German Unity**
Allerheiligen **All Hallows' Day/All Saints' Day**
Volkstrauertag **Remembrance Day**
Totensonntag **Day commemorating the dead**
Heiligabend **Christmas Eve**
Silvester **New Year's Eve**

Kardinalzahlen

o/naught (AE zero) (Tennis: love) (Fußball: nil)/0 *null*
one/1 *eins*
two/2 *zwei*
three/3 *drei*
four/4 *vier*
five/5 *fünf*
six/6 *sechs*
seven/7 *sieben*
eight/8 *acht*
nine/9 *neun*
ten/10 *zehn*
eleven/11 *elf*
twelve/12 *zwölf*
thirteen /13 *dreizehn*
fourteen/14 *vierzehn*
twenty/20 *zwanzig*
twenty-one/21 *einundzwanzig*
twenty-two/22 *zweiundzwanzig*
thirty/30 *dreißig*
forty/40 *vierzig*
fifty/50 *fünfzig*
sixty/60 *sechzig*
seventy/70 *siebzig*
eighty/80 *achtzig*
ninety/90 *neunzig*
(one) hundred/100 *(ein)hundert*
(one) hundred and one/101 *(ein)hundertundeins*
(one) hundred and two/102 *(ein)hundertundzwei*
(one) hundred and ten/110 *(ein)hunderzehn*
(one) thousand/1,000 *(ein)tausend*
(one) million/1,000,000 *eine Million*

Ordnungszahlen

first/1st *erste/r/s*
second/2nd *zweite/r/s*
third/3rd *dritte/r/s*
fourth/4th *vierte/r/s*
fifth/5th *fünfte/r/s*
sixth/6th *sechste/r/s*
seventh/7th *siebente/r/s*
eighth/8th *achte/r/s*
ninth/9th *neunte/r/s*
tenth/10th *zehnte/r/s*
eleventh/11th *elfte/r/s*
twelfth/12th *zwölfte/r/s*
thirteenth/13th *dreizehnte/r/s*
fourteenth/14th *vierzehnte/r/s*
twentieth/20th *zwanzigste/r/s*
twenty-first/21st *einundzwanzigste/r/s*
twenty-second/22nd *zweiundzwanzigste/r/s*
twenty-third/23rd *dreiundzwanzigste/r/s*
thirtieth/30th *dreißigste/r/s*
fortieth/40th *vierzigste/r/s*
fiftieth/50th *fünfzigste/r/s*
sixtieth/60th *sechzigste/r/s*
seventieth/70th *siebzigste/r/s*
eightieth/80th *achtzigste/r/s*
ninetieth/90th *neunzigste/r/s*
(one) hundredth/100th *(ein)hundertste/r/s*
(one) hundred and first/101st *(ein)hundertunderste/r/s*
(one) hundred and second/102nd *(ein)hundertundzweite/r/s*
(one) hundred and tenth/110th *(ein)hunderzehnte/r/s*
(one) thousandth/1,000th *(ein)tausendste/r/s*
(one) millionth/1,000,000th *eine Millionste/r/s*

Rechenarten und mathematische Funktionen

plus/+ *plus/und*
minus/- *minus/weniger*
multiplied by/x *multipliziert mit*
divided by/: *geteilt durch*
equal/= *gleich/ist*
per cent (AE percent)/% *Prozent*
square root of/√ *Wurzel*
squared/n^2 *im Quadrat/hoch 2*
cubed/n^3 *hoch 3*
to the power of x/n^x *hoch x*
infinity/∞ *Unendlichkeit*
less than/< *weniger als*
more than/> *mehr als*
one/a half/½ *ein halb*
one and a half/1½ *anderthalb*
two and a half/2½ *zweieinhalb*
one third/⅓ *ein Drittel*
two thirds/⅔ *zwei Drittel*
three eights/⅜ *drei Achtel*
one/a quarter/¼ *ein Viertel*
three quarters/¾ *drei Viertel*
four and five eighths/4⅝ *vier (und) fünf Achtel*

Mengenangaben

some *einige/manche*
any *irgeneine/r*
several *mehrere/etliche*
various *verschiedene/mehrere*
much *viel*
many *viele*
a lot of/lots of *viel/e*
loads of (BE) *viel/e*
a couple of *ein paar*
a (great) number of *viele*
a large amount of *eine große Anzahl von*
a great deal of *eine Menge*
tons of *jede Menge*
most *die meisten*
enough *genug*
little *wenig*
few *wenige*
a little *ein wenig*
(quite) a few *etliche/eine ganze Menge*
each *jede/r/s*
every *jede/r/s*
everyone/everybody *jeder*
everything *alle*
all *alles/alle*
no *kein*
nobody *niemand*
no one *niemand*
none *keine/r/s*
both *beide*
either *beide* (jeder einzelne von zweien)
neither *keiner von beiden*

$a^2-b^2=(a+b)(a-b)$
H$_2$O
ABC
2+2=4
ABC
2+1=
E=mc²
x+y=
$a^2-b^2=(a+b)(a-b)$
H$_2$O
ABC
2+2=4
ABC

Konjunktionen, Präpositionen und Adverbien

Verbindende Wendungen

Additionally ... *Des Weiteren ...*
Apart from this/that *Davon abgesehen/Im Übrigen*
besides *außerdem*
by and large *im Großen und Ganzen/weitgehend*
concerning *hinsichtlich*
Consequently, ... *Infolgedessen ...*
due to *aufgrund/infolge von*
especially/particularly *besonders*
Furthermore, ... *Außerdem .../Weiterhin ...*
Having said that, ... *Gleichwohl.../Abgesehen davon ...*
in addition to *darüber hinaus/zusätzlich zu*
in comparison with *im Vergleich zu*
in contrast to/contrary to *im Gegensatz zu*
In short, ... *Kurz gesagt ...*
In summary, ... *Zusammenfassend ...*
in the long run *auf lange Sicht*
instead of *anstatt/statt*
meanwhile *mittlerweile/unterdessen/derweil*
moreover *außerdem/ferner/zudem*
nonetheless *nichtsdestotrotz*
notwithstanding that *ungeachtet dessen, dass*
on close(r) inspection *bei genaue(re)m Hinsehen*
on the one hand/on the other hand *einerseits/andererseits*
otherwise *andererseits*
provided that *vorausgesetzt, dass/insofern*
referring to *bezugnehmend auf*
regarding *bezüglich/hinsichtlich/im Hinblick auf*
that's to say that *das heißt, dass*
this means that *das bedeutet*
To sum up, ... *Zusammenfassend ...*
with/in regard to *bezüglich/hinsichtlich/in Bezug auf*

Konjunktionen

after *nachdem*
and *und*
although *obwohl/obgleich*
as *da/weil/als/während*
as if *als ob/als wenn*
as long as *solange*
as soon as *sobald*
because *weil*
before *bevor*
both ... and *sowohl ... als auch*
but *aber/sondern*
either ... or *entweder ... oder*
even if *auch wenn/selbst wenn*
except that *außer dass*
for *denn/weil*
however *jedoch/hingegen*
if *wenn/ob*
(in order) to *um ... zu*
neither ... nor *weder ... noch*
once *sobald*
or *oder*
since *seitdem/da/weil*
so (that) *damit*
that *dass*
when *wenn/als/sobald*
while *während/indem*
unless *außer wenn/wenn nicht/es sei denn, dass*
until/till *bis/bis dass*
whenever *sooft/immer wenn*
whereas *wohingegen/während*
whether *ob*

Präpositionen der Zeit

AT

Christmas, Easter	*Feste*
the weekend (BE)	*Wochenende*
breakfast (time), lunchtime	*Mahlzeiten*
dawn, dusk, sunrise, sunset	*Sonnenauf-/-untergang*
2 pm, 8 o'clock	*Uhrzeiten*
night	*nachts*

IN

the 19th century, the 21st century	*Jahrhunderte*
1713, 2014	*Jahre*
(the) spring, (the) summer	*Jahreszeiten*
January, February	*Monate*
the morning, the afternoon	*Tageszeiten*
three years' (time), an hour	*Zeitdauer*
(the) future, the past	*Zeitepochen*
the night	*in/während der Nacht*

ON

New Year's Eve, Christmas Day	*Feiertage*
Monday, Tuesday	*Wochentage*
Monday morning	*Tageszeiten mit Wochentag*
7 May 2014 (AE May 7, 2014)	*Datum*
the weekend (AE)	*Wochenende*

WEITERE

about *gegen*, **after** *nach*, **ago** *vor*, **as of** *ab*, **before** *vor*, **between** *zwischen*, **by** *bis (spätestens)*, **during** *während*, **for** *lang*, *seit*, **from ... to** *von ... bis*, **last** *letzten*, **next** *nächsten*, **past** *nach*, **over** *über*, **since** *seit*, **through (AE)** *bis (einschließlich)*, **within** *innerhalb*, **until/till** *bis*

Präpositionen des Ortes und der Richtung

ORT

above *über/oberhalb*
at *an/bei/(in)*
at the back/front *vorn/hinten*
between *zwischen*
behind *hinter*
below *unterhalb*
beside *neben*
beyond *jenseits*
by *an/neben*
on (top of) *(oben) ... auf/darauf*
in/inside/outside *in(nen)/innerhalb/außerhalb*
in front of *vor*
next to *(direkt) neben*
opposite *gegenüber*
over *über*
under/underneath *unter/unterhalb*
within *innerhalb*

RICHTUNG

across *über/hinüber*
along *entlang*
(a)round *um ... herum*
away (from) *weg von*
into/out of *hinein/hinaus*
onto *auf*
over/under *(hin)über/unter ... durch*
through *durch*
to/towards *nach/zu/hin ... zu*
up/down *hinauf/herunter*

Adverbien

HÄUFIGKEITSADVERBIEN

always *immer*
constantly *ständig*
ever *immer/je(mals)*
frequently *häufig*
generally *gewöhnlich*
never *nie(mals)*
normally *normalerweise*
occasionally *gelegentlich*
often *oft/häufig*
permanently *ständig*
rarely *selten*
regularly *regelmäßig*
seldom *selten*
sometimes *manchmal*
usually *normalerweise*

ADVERBIEN DER REGELMÄSSIGKEIT

hourly *stündlich*
daily *täglich*
nightly *jede Nacht*
weekly *wöchentlich*
monthly *monatlich*
yearly *jährlich*
annually *(all)jährlich*

ADVERBIEN DES GRADES

almost *fast*
absolutely *absolut*
completely *komplett*
deeply *äußerst*
enough *ausreichend*
enormously *enorm*
entirely *völlig*
extremely *äußerst*
hardly *kaum*
highly *äußerst*
incredibly *unglaublich*
just *gerade*
much *viel*
nearly *fast*
perfectly *perfekt*
practically *praktisch*
quite *ziemlich*
rather *eher/ziemlich*
really *wirklich*
simply *einfach*
somewhat *etwas*
totally *total*
utterly *absolut*
very *sehr*
virtually *praktisch*

ADVERBIEN DER ZEIT

after *nach*
already *schon*
before *vor*
early *früh(zeitig)*
eventually *letztendlich*
finally *schließlich*
first *zuerst*
formerly *früher/ehemals*
just *gerade*
last *zuletzt*
late *spät/verspätet*
lately *neulich/kürzlich*
next *danach/dann*
now *jetzt/nun*
previously *vorher/zuvor*
recently *kürzlich/vor Kurzem*
since *seither/inzwischen*
soon *bald*
still *noch*
then *dann/damals*
today *heute*
tomorrow *morgen*
tonight *heute Abend*
yesterday *gestern*
yet *bisher*

ADVERBIEN DER ART UND WEISE

accidentally *zufällig*
carefully *vorsichtig*
carelessly *sorglos*
clearly *deutlich*
deliberately *vorsätzlich*
enthusiastically *begeistert*
generously *großzügig*
gently *sanft*
hesitantly *zögerlich*
honestly *ehrlich*
mysteriously *mysteriös*
nervously *nervös*
noisily *lärmend*
patiently *geduldig*
punctually *pünktlich*
quickly *schnell*
quietly *ruhig*
recklessly *leichtsinnig*
reluctantly *widerwillig*
repeatedly *wiederholt*
secretly *heimlich*
selfishly *egoistisch*
sensibly *vernünftig*
silently *leise*
suddenly *plötzlich*
suspiciously *verdächtig*
unexpectedly *unerwartet(erweise)*
violently *gewaltsam*
weakly *schwach*
wearily *erschöpft/müde*

Wichtige Verben und Grammatik-Begriffe

Wichtige Verben

KOGNITIVE VERBEN

to conclude *schlussfolgern*
to consider *bedenken*
to contemplate *nachdenken*
to decide *entscheiden*
to discern *erkennen*
to distinguish *unterscheiden*
to explain *erklären*
to evalutate *auswerten*
to notice *bemerken*
to ponder *abwägen/nachdenken*
to realise (AE realize) *erkennen/begreifen*
to reckon (BE) *meinen/glauben*
to regard *beachten/betrachten*
to think *denken/glauben*

ZUSTANDSVERBEN

to appear *erscheinen*
to belong *gehören*
to contain *enthalten*
to consist of *bestehen aus*
to cost *kosten*
to depend on *abhängen von*
to doubt *zweifeln*
to fit *passen*
to know *kennen/wissen*
to matter *bedeuten*
to mean *bedeuten/meinen*
to need *brauchen*
to own *besitzen*
to possess *besitzen*
to seem *scheinen*

VERBEN DES MÖGENS UND NICHTMÖGENS

to abhor *hassen/verachten*
to adore *anbeten*
to appreciate *würdigen*
to cherish *wertschätzen*
to despise *verachten*
to detest *verabscheuen*
to dislike *nicht mögen*
to enjoy *genießen*
to esteem *hochschätzen*
to fancy *meinen/glauben*
to go for *stehen auf*
to hate *hassen*
to idolize *vergöttern*
to like *mögen*
to loathe *hassen*
to love *lieben*
to take to *liebgewinnen*
to worship *verehren*

Verben des Erinnerns

to call to mind *sich erinnern*
to memorise (AE memorize) *behalten*
to muse *grübeln*
to recall *sich erinnern*
to recollect *sich besinnen*
to remember *sich erinnern*
to remind somebody *jemanden erinnern*
to reminisce *schwelgen*
to be reminiscent of *erinnern an*
to think back on *zurückdenken*

Verben des Schreibens und Lesens

to browse *durchblättern*
to copy *kopieren*
to flip/flick through *durchblättern*
to note *notieren*
to peruse *durchlesen*
to read *lesen*
to scribble *hinkritzeln*
to skim *flüchtig lesen*
to study *genau lesen*
to write *schreiben*
to take down *notieren*

Verben der Fortbewegung

to be carried *getragen werden*
to drive *selbst fahren*
to fly *fliegen*
to go *fahren/gehen*
to hike *wandern*
to move *sich bewegen*
to perambulate *umherwandern*
to race *rasen/rennen*
to ride *fahren/reiten*
to run *laufen/rennen*
to saunter *bummeln*
to speed *eilen/rasen*
to stroll *schlendern*
to travel *reisen*
to tread *auftreten*
to trudge *sich dahinschleppen*
to wander *umherschweifen*
to walk *gehen*

Verben des Berührens

to clasp *umklammern*
to grab *greifen/zugreifen*
to grasp *ergreifen/fassen*
to grip *greifen/festhalten*
to pat *tätscheln*
to press *drücken*
to push *schieben/schubsen*
to seize *ergreifen/zugreifen*
to squeeze *drücken*
to tap *pochen/klopfen*

Wendungen mit to do

to do business with somebody *mit jemandem Geschäfte machen*
to do the cooking *kochen*
to do a course (BE) *einen Kurs belegen*
to do somebody credit *jemandem Ehre machen*
to do a crossword (puzzle) *ein Kreuzworträtsel machen*
to do the dishes *den Abwasch machen/Geschirr spülen*
to do drugs *Drogen nehmen*
to do an exercise *eine Übung machen*
to do somebody a favour (AE favor) *jemandem einen Gefallen tun*
to do somebody good/somebody harm *jemandem gut tun/jemandem Schaden zufügen*
to do gymnastics *turnen*
to do somebody's hair *jemandem die Haare machen/frisieren*
to do handicrafts *basteln*
to do one's homework *seine Hausaufgaben machen*
to do the housework *den Haushalt machen/erledigen*
to do somebody in *jemanden um die Ecke bringen*
to do likewise *dasselbe tun*
to do mischief *Unheil anrichten*
to do needlework *Handarbeit machen*
to do nothing *nichts tun*
to do poorly *schlecht abschneiden*
to do pottery *töpfern*
to do research *recherchieren*
to do the right thing *das Richtige tun*
to do the shopping *den Einkauf machen/erledigen*
to do sport (AE sports) *Sport treiben*
to do the talking *das Gespräch führen*
to do time *im Gefängnis sitzen*
to do the washing up *den Abwasch machen/Geschirr spülen*
to do wonders *Wunder bewirken*
to do 100 miles per hour *100 Meilen pro Stunde schnell fahren*

Wendungen mit to make

to make amends for something *für etwas Wiedergutmachung leisten*
to make somebody angry *jemanden verärgern*
to make an arrangement *sich absprechen*
to make arrangements *Vorkehrungen treffen*
to make an appointment *einen Termin machen*
to make an attempt *einen Versuch machen/unternehmen*
to make concessions *Zugeständnisse machen*
to make a copy of something *eine Kopie machen/anfertigen*
to make a deal with somebody *mit jemandem einen Handel machen*
to make a decision *eine Entscheidung treffen*
to make a donation *eine Spende leisten*
to make an effort *sich anstrengen*
to make an excuse *eine Entschuldigung vorbringen*
to make a fortune *ein Vermögen machen*
to make friends *Freundschaft schließen*
to make known *bekanntmachen*
to make a mistake *einen Fehler machen*
to make money *Geld verdienen*
to make a noise *Krach machen*
to make an offer *ein Angebot machen*
to make out with somebody (AE) *mit jemandem rummachen*
to make a phone call *einen Anruf tätigen/telefonieren/anrufen*
to make a plan *eine Plan machen/ausarbeiten*
to make progress *Fortschritte machen*
to make a promise *ein Versprechen leisten*
to make public *öffentlich bekannt geben*
to make a recommendation *eine Empfehlung aussprechen*
to make a reservation *eine Reservierung vornehmen*
to make sense *einen Sinn ergeben*
to make a scene *eine Szene machen*
to make sacrifices *Opfer bringen*

Wendungen mit to take

to take somebody's advice *jemandes Rat annehmen*
to take a breather *sich verschnaufen*
to take a call *ein Gespräch entgegennehmen*
to take a chance *eine Gelegenheit nutzen*
to take criticism *kritikfähig sein*
to take credit cards *Kreditkarten akzeptieren*
to take a course *einen Kurs belegen*
to take a decision *eine Entscheidung treffen*
to take an exam *eine Prüfung ablegen*
to take first place *den ersten Platz belegen*
to take somebody by the hand *jemanden an der Hand nehmen*
to take somebody home *jemanden nach Hause bringen*
to take somebody to hospital (AE to the hospital) *jemanden ins Krankenhaus bringen*
to take ill (AE sick) *krank werden*
to take lessons *(Unterrichts)Stunden nehmen*
to take something literally *etwas wörtlich nehmen*
to take a nap *ein Schläfchen machen*
to take an oath *einen Eid leisten*
to take somebody out (on a date) *mit jemandem ausgehen*
to take something personally *etwas persönlich nehmen*
to take a picture/pictures *ein Bild machen/fotografieren*
to take prisoners *Gefangene machen*
to take a rest/break *eine Pause machen*
to take a shower/a bath (AE) *duschen/ein Bad nehmen*
to take a stand *Farbe bekennen*
to take somebody to the station *jemanden zum Bahnhof bringen*
to take a test *einen Test schreiben*
to take turns *sich abwechseln*
to take up something *mit etwas beginnen*
to take vengeance *Rache nehmen*
to take a walk *einen Spaziergang machen*

Verben + Gerund

to admit (to) doing something *etwas zugeben*
to avoid doing something *etwas vermeiden*
to begin doing something/to do something *etwas beginnen/starten/anfangen*
to consider doing something *etwas bedenken/überlegen*
to contemplate doing something *etwas beabsichtigen*
to continue doing something/to do something *weitermachen/fortfahren*
to delay doing something *etwas verschieben/aufschieben*
to deny doing something *etwas leugnen*
to like doing something/to do something *etwas mögen*
to enjoy doing something *sich erfreuen an etwas/genießen*
to fancy doing something *sich etwas vorstellen*
to finish doing something *etwas beenden*
to forget doing something *etwas vergessen*
to hate doing something/to do something *etwas hassen*
to imagine doing something *sich etwas vorstellen*
to justify doing something *etwas rechtfertigen*
to involve doing something *etwas einbeziehen/umfassen*
to love doing something/to do something *lieben*
to mention doing something *etwas erwähnen*
to mind doing something *etwas dagegen haben*
to miss doing something *etwas vermissen/verpassen*
to prefer doing something/to do something *etwas vorziehen/bevorzugen*
to postpone doing something *etwas verschieben*
to recall doing something *sich entsinnen/sich erinnern an etwas*
to recollect doing something *sich erinnern an etwas*
to recommend doing something *etwas empfehlen*
to regret doing something *etwas bedauern*
to resist doing something *etwas widerstehen/standhalten*
to risk doing something *etwas riskieren*
to start doing something/to do something *etwas starten/beginnen/anfangen*
to suggest doing something *etwas vorschlagen*

Reflexive Verben

sich anziehen **to get dressed**
sich ärgern **to get angry/to be upset**
sich ausruhen **to rest**
sich baden **to have (AE take) a bath**
sich beeilen **to hurry/to rush**
sich befinden **to be located**
sich betrinken **to get drunk**
sich bemühen **to make an effort**
sich mit etwas beschäftigen **to work on**
sich bewegen **to move**
sich duschen **to have (AE take) a shower/to shower**
sich entscheiden **to decide/to make up one's mind**
sich erholen **to recover**
sich erinnern **to remember/to recall**
sich erkälten **to catch (a) cold**
sich freuen über **to look forward to**
sich gewöhnen an **to get used to/to get accustomed to**
sich handeln um **to be about**
sich hinlegen **to lie down**
sich interessieren für **to be interested in**
sich irren **to be mistaken**
sich konzentrieren auf **to concentrate on**
sich rasieren **to shave**
sich sicher sein **to be convinced about something/to be sure about**
sich setzen **to sit down**
sich schämen **to be ashamed about something/to be embarrassed about**
sich schneiden lassen **to have something cut**
sich überlegen **to think about/to ponder about/on/over**
sich verfahren **to get lost/to lose one's way**
sich verlassen auf **to rely on**
sich verspäten **to be late**

Unregelmäßige Verben

Infinitiv	Past simple	Past participle	Deutsch
abide	abode/abided	abided	*bleiben/verweilen*
arise	arose	arisen	*aufstehen*/entstehen
awake	awoke	awoken	*aufwachen*
be	was/were	been	*sein/werden*
bear	bore	born(e)	*tragen/gebären*
beat	beat	beaten	*schlagen*
become	became	become	*werden*
begin	began	begun	*beginnen/anfangen*
bend	bent	bent	*(sich) bücken/biegen*
beseech	besought/beseeched	besought/beseeched	*ersuchen/anflehen*
bet	bet	bet	*wetten*
bid	bade/bid	bid/bidden	*bieten*
bind	bound	bound	*binden*
bite	bit	bitten	*beißen*
bleed	bled	bled	*bluten*
blow	blew	blown	*blasen/wehen*
break	broke	broken	*(zer)brechen/kaputtgehen*
breed	bred	bred	*züchten*
bring	brought	brought	*bringen*
broadcast	broadcast	broadcast	*senden* (TV)
build	built	built	*bauen*
burn	burnt/burned	burnt/burned	*(ver)brennen*
burst	burst	burst	*platzen*
bust	bust/(**AE** busted)	bust/(**AE** busted)	*kaputt machen*
buy	bought	bought	*kaufen*
cast	cast	cast	*werfen*
catch	caught	caught	*fangen*

Infinitiv	Past simple	Past participle	Deutsch
choose	chose	chosen	*(aus)wählen*
cleave	cleft/cleaved/clove	cleft/cleaved/cloven	*spalten*
cling	clung	clung	*festhalten/klammern*
clothe	clad/clothed	clad/clothed	*anziehen (Kleidung)*
come	came	come	*kommen*
cost	cost	cost	*kosten*
creep	crept	crept	*kriechen*
cut	cut	cut	*schneiden*
deal	dealt	dealt	*handeln/dealen*
dig	dug	dug	*graben*
dive	dived/(**AE** dove)	dived	*tauchen*
do	did	done	*tun/machen*
draw	drew	drawn	*zeichnen/ziehen*
dream	dreamt/ dreamed	dreamt/dreamed	*träumen*
drink	drank	drunk	*trinken*
drive	drove	driven	*(selbst) fahren*
dwell	dwelt/dwelled	dwelt/dwelled	*wohnen/weilen*
eat	ate	eaten	*essen*
fall	fell	fallen	*fallen*
feed	fed	fed	*füttern*
feel	felt	felt	*(sich) (an)fühlen*
fight	fought	fought	*kämpfen*
find	found	found	*finden*
fit	fitted/(**AE** fit)	fitted/(**AE** fit)	*passen*
flee	fled	fled	*fliehen*
fling	flung	flung	*schleudern*
fly	flew	flown	*fliegen*
forbid	forbade	forbidden	*verbieten/verbeten*
forecast	forecast	forecast	*vorhersagen*
for(e)go	for(e)went	for(e)gone	*verzichten*
foresee	foresaw	foreseen	*vorhersehen*

Infinitiv	Past simple	Past participle	Deutsch
foretell	foretold	foretold	*vorhersagen*
forget	forgot	forgotten	*vergessen*
forgive	forgave	forgiven	*vergeben*
forsake	forsook	forsaken	*verlassen*
freeze	froze	frozen	*frieren*
get	got	got/(**AE** gotten)	*holen/bekommen*
give	gave	given	*geben*
go	went	gone	*gehen/fahren*
grind	ground	ground	*(zer)mahlen*
grow	grew	grown	*wachsen/(an)bauen*
hang	hung/hanged	hung/hanged	*aufhängen/hängen*
have	had	had	*haben*
hear	heard	heard	*hören*
hew	hewed	hewn/hewed	*hauen*
hide	hid	hidden/hid	*(sich) verstecken*
hit	hit	hit	*schlagen/treffen*
hold	held	held	*halten*
hurt	hurt	hurt	*verletzen/wehtun*
keep	kept	kept	*(be)halten/weitermachen*
kneel	knelt/(**AE** kneeled)	knelt/(**AE** kneeled)	*sich hinknien*
knit	knit/knitted	knit/knitted	*stricken*
know	knew	known	*kennen/wissen*
lay	laid	laid	*legen/Tisch decken*
lead	led	led	*führen/leiten*
lean	leaned/leant	leaned/leant	*lehnen/sich neigen*
leap	leapt/(**AE** leaped)	leapt/(**AE** leaped)	*springen*
learn	learnt/(**AE** learned)	learn/(**AE** learned)	*lernen*
leave	left	left	*(ver-, zurück)lassen/ weggehen*
lend	lent	lent	*(ver)leihen*
let	let	let	*lassen*
lie	lay	lain	*liegen*

Infinitiv	Past simple	Past participle	Deutsch
light	lit/lighted	lit/lighted	*anzünden*
lose	lost	lost	*verlieren*
make	made	made	*machen*
mean	meant	meant	*bedeuten/meinen*
meet	met	met	*treffen/kennenlernen*
mislead	misled	misled	*irreführen*
mistake	mistook	mistaken	*falsch verstehen*
misunderstand	misunderstood	misunderstood	*missverstehen*
mow	mowed	mown/mowed	*mähen*
overdo	overdid	overdone	*übertreiben*
overcome	overcame	overcome	*überwinden*
overtake	overtook	overtaken	*überholen*
overthrow	overthrew	overthrown	*stürzen* (Diktator)
pay	paid	paid	*(be)zahlen*
plead	pleaded/pled	pleaded/pled	*plädieren/bitten*
prove	proved	proved/(**AE** proven)	*beweisen*
put	put	put	*setzen/stellen/legen*
quit	quit	quit	*aufgeben/aufhören*
read	read	read	*lesen*
rend	rent	rent	*zerreißen*
retell	retold	retold	*nacherzählen*
rid	rid/ridded	rid/ridded	*befreien*
ride	rode	ridden	*fahren/reiten*
ring	rang	rung	*klingeln/anrufen*
rise	rose	risen	*(auf)steigen*
run	ran	run	*laufen/rennen*
saw	sawed	sawn/(**AE** sawed)	*sägen*
say	said	said	*sagen*
see	saw	seen	*sehen*
seek	sought	sought	*suchen*
sell	sold	sold	*verkaufen*
send	sent	sent	*schicken/senden*

Infinitiv	Past simple	Past participle	Deutsch
set	set	set	*(fest)setzen/stellen*
sew	sewed	sewn/sewed	*nähen*
shake	shook	shaken	*schütteln*
shave	shaved	shaven/shaved	*rasieren*
shear	sheared	shorn/sheared	*scheren*
shed	shed	shed	*vergießen*
shine	shone/shined	shone/shined	*scheinen/polieren*
shoe	shod	shod	*beschuhen*
shoot	shot	shot	*schießen*
show	showed	shown/showed	*zeigen*
shrink	shrank/(**AE** shrunk)	shrunk	*schrumpfen*
shut	shut	shut	*schließen*
sing	sang	sung	*singen*
sink	sank/(**AE** sunk)	sunk	*sinken*
sit	sat	sat	*sitzen*
slay	slew	slain	*erschlagen*
sleep	slept	slept	*schlafen*
slide	slid	slid	*rutschen*
sling	slung	slung	*schleudern*
slit	slit	slit	*aufschlitzen*
slink	slunk	slunk	*schleichen*
smell	smelt/(**AE** smelled)	smelt/(**AE** smelled)	*riechen*
smite	smote	smitten	*zerschlagen*
sow	sowed	sown/sowed	*säen*
speak	spoke	spoken	*sprechen*
speed	sped/speeded	sped/speeded	*eilen/schnell fahren*
spell	spelt/(**AE** spelled	spelt/(**AE** spelled	*buchstabieren*
spend	spent	spent	*ausgeben/verbringen*
spill	spilt/(**AE** spilled)	spilt/(**AE** spilled)	*verschütten*
spin	span/spun	spun	*spinnen/drehen*
spit	spat/(**AE** spit)	spat/(**AE** spit)	*spucken*
split	split	split	*spalten*

Infinitiv	Past simple	Past participle	Deutsch
spoil	spoilt/(**AE** spoiled)	spoilt/(**AE** spoiled)	*verderben*
spread	spread	spread	*aus-/verbreiten*
spring	sprang/(**AE** sprung)	sprung	*springen*
stand	stood	stood	*stehen*
steal	stole	stolen	*stehlen*
stick	stuck	stuck	*kleben/hängen*
sting	stung	stung	*stechen*
stink	stank/stunk	stunk	*stinken*
strew	strewed	strewed/strewn	*ver-/bestreuen*
stride	strode	stridden	*schreiten*
strike	struck	struck	*schlagen*
string	strung	strung	*schnüren/auffädeln*
strive	strove/strived	striven/strived	*sich bemühen*
swear	swore	sworn	*schwören*
sweep	swept	swept	*kehren/fegen*
swell	swelled	swelled/swollen	*(an)schwellen*
swim	swam	swum	*schwimmen*
swing	swung	swung	*schwingen*
take	took	taken	*nehmen/bringen*
teach	taught	taught	*lehren*
tear	tore	torn	*(zer)reißen*
tell	told	told	*erzählen/sagen*
think	thought	thought	*denken/glauben*
thrive	throve/thrived	thrived	gedeihen
throw	threw	thrown	*werfen*
thrust	thrust	thrust	*stoßen*
tread	trod	trodden/ (**AE** trod/treaded)	*treten/gehen*
undergo	underwent	undergone	*durchmachen*
understand	understood	understood	*verstehen*
undo	undid	undone	*rückgängig machen*
wake	woke	woken	*aufwachen*

Infinitiv	Past simple	Past participle	Deutsch
wear	wore	worn	*tragen (Kleidung)*
weave	wove	woven	*weben*
wed	wed/wedded	wed/wedded	*heiraten*
weep	wept	wept	*weinen*
wet	wet/wetted	wet/wetted	*nass machen*
win	won	won	*gewinnen*
wind	wound	wound	*wickeln/spulen*
withdraw	withdrew	withdrawn	*abheben* (Geld)
withold	withheld	withheld	*verweigern*
withstand	withstood	withstood	*widerstehen*
wring	wrung	wrung	*auswringen*
write	wrote	written	*schreiben*

Grammatische Begriffe

adjective *Adjektiv*
adverb/adverbial phrase *Adverb/adverbiale Phrase*
adversative clause *Adversativsatz*
(in)definite article *(in)direkter/(un)besimmter Artikel*
capitalization *Großschreibung*
causal clause *Kausalsatz*
colon *Doppelpunkt*
comparison *Vergleich*
concessive clause *Konzessivsatz*
conditional clause *Konditionalsatz*
conjunction *Konjunktion*
contact clause *Relativsatz ohne Relativpronomen*
consecutive clause *Konsekutivsatz*
continuous/progressive form *Verlaufsform/ing-Form*
(un)countable *(un)zählbar*
demonstrative pronoun *Demonstrativpronomen*
determiner *Bestimmungswort/Artikelwort*
(in)direct speech *(in)direkte Rede*
exclamation mark *Ausrufezeichen*
final clause *Finalsatz*
future *Futur/Zukunft*
gender *Geschlecht*
gerund *Gerundium*
imperative *Imperativ/Befehlsform*
infinitive *Infinitiv/Grundform des Verbs*
indefinite pronoun *Indefinitpronomen*
interrogative prounoun *Interrogativpronomen/Fragepronomen*
inversion *Inversion/Umstellung von Subjekt und Objekt*
irregular verb *unregelmäßiges Verb*
modifier *Bestimmungswort*

modal/auxiliary verb *Hilfsverb*
modal clause *Modalsatz*
noun *Nomen/Substativ*
numeral (cardinal/ordinal) *Zahl (Grund-/Ordnungs-)*
participle *Partizip/Mittelwort*
participle clause *Partizipialsatz*
passive voice *Passiv*
past *Vergangenheit*
perfect *Perfekt*
personal pronoun *Personalpronomen*
present *Gegenwart*
possessive pronoun *Possessivpronomen (besitzanzeigendes Pronomen)*
predicate *Prädikat*
prefix/suffix *Präfix/Suffix (Vorsilbe/Nachsilbe)*
preposition *Präposition*
punctuation *Zeichensetzung*
question mark *Fragezeichen*
question tag *Frageanhängsel*
reciprocal pronoun *reziprokes Pronomen*
reflexive pronoun *Reflexivpronomen*
relative pronoun *Relativpronomen*
relative clause *Relativsatz*
rhetorical question *rhetorische Frage*
semicolon *Semikolon*
sentence *Satz*
singular/plural *Singular/Plural (Einzahl/Mehrzahl)*
stative verb *Zustandsverb*
subject/object *Subjekt/Objekt*
subjunctive *Konjunktive/Möglichkeitsform*
superlative *Superlativ*
(in)transitive *(in)transitiv*
temporal clause *Temporalsatz*
tense *Tempus/Zeitform*

Register